S0-ABD-004

NORTHPORT PUBLIC LIBRARY
NORTHPORT, NEW YORK

# Cambie su vida
# con el Feng Shui

Grupo ROBIN BOOK

Barcelona - México
Buenos Aires

# Karen Kingston

# Cambie su vida
# con el Feng Shui

Traducción de Fernando Lombardero

alternativas

ROBIN
BOOK

Si usted desea que le mantengamos informado de
nuestras publicaciones, sólo tiene que remitirnos su
nombre y dirección, indicando qué temas le interesan,
y gustosamente complaceremos su petición.

Ediciones Robinbook
información bibliográfica
Industria, 11 (Pol. Ind. Buvisa)
08329 Teià (Barcelona)
e-mail: info@robinbook.com
www.robinbook.com

Título original: *Clear your clutter with Feng Shui*
© Karen Kingston. First published in 1998 by Judy Piatkus
    (Publishers) Limited. 5 Windmill Street London W1P 1HF.
© Ediciones Robinbook, s. l., Barcelona
Diseño de cubierta: Regina Richling
Fotografía de cubierta: iStockphoto © Alex Slobodkin
ISBN: 978-84-9917-077-0
Depósito legal: B-41.772-2010
Impreso por S.A. DE LITOGRAFIA, Ramón Casas, 2 esq.Torrent Vallmajor,
08911 Badalona (Barcelona).

Quedan rigurosamente prohibidas, sin la autorización escrita de los titulares del copyright bajo
las sanciones establecidas en las leyes, la reproducción total o parcial de esta obra por cualquier
medio o procedimiento, comprendidos la reprografía y el tratamiento informático, y la distribu-
ción de ejemplares de la misma mediante alquiler o préstamo públicos.

Impreso en España - *Printed in Spain*

# Agradecimientos

Mi sincero agradecimiento por las muestras de afecto y apoyo de todos los compañeros que tengo a mi alrededor, los que han contribuido de alguna manera a hacer de este libro una realidad. Mi más cálido y sentido abrazo, gracias a todos, y en particular a mis queridos amigos Gemma Massey, Rowan Hart-Williams, Ni Nyoman Ayu y Richard Norris por su inestimable compañerismo y por su importantísima contribución al desarrollo de mi trabajo. Más abrazos y gracias a Cathryn McNaughton, Anna Mackenzie, Jean Devlin, Jill Newberry, Katharina Otremba, Kay Tom, Thea Bennett, Nuala Kiernan, Joan McNicholas, al equipo completo de Piatkus Books, y a todas las maravillosas personas que conocí a lo largo del camino, que respondieron con tanta calidez y entusiasmo a mis libros y cursos, y que enriquecieron mi viaje más allá de las palabras.

# Introducción

Después de la publicación de mi primer libro, *Hogar sano con el Feng Shui*, me inundaron las cartas de los lectores, contándome lo que habían disfrutado y los grandes resultados que habían obtenido utilizando la información del libro. Hubo un capítulo en particular que generó más cartas, faxes, llamadas telefónicas y correo electrónico que ningún otro: el titulado «Despejando el desorden». ¡Parece que todos somos algo desordenados!

Fue una progresión natural escribir un libro entero sobre el tema y, conscientes de la naturaleza de éste, mis editores y yo acordamos ¡hacer una versión reducida para no incrementar demasiado vuestra cuota de desorden al comprarlo!

¡FELIZ DESPEJE DEL DESORDEN!
Karen Kingston

# Primera parte
# Entender el desorden

# 1

## ¿Feng QUÉ?

Una vez conocí a una mujer que salió a viajar alrededor del mundo con poco más que el pasaje de ida en el bolsillo, pero que tenía una extraordinaria habilidad, la de leer las manos, y sin importarle dónde se hallara, nunca le faltó un lugar donde dormir o comer. Elegía un restaurante o un hotel, se presentaba al gerente, y se ofrecía para leerles las manos a los clientes a cambio de comida, un lugar donde dormir o un pequeño salario. Cuando la conocí llevaba tres años realizando este tipo de vida, había visitado más de una docena de países y estaba gozando como nunca antes en su vida.

He descubierto que el Feng Shui tiene el mismo atractivo universal. Cuando la gente, para bien o para mal, descubre lo que su hogar puede afectarle, suele despertarse con frecuencia su curiosidad e intenta aprender más.

# El Feng Shui

La creciente popularidad alcanzada por el Feng Shui en los últimos años ha sido extraordinaria. A finales de los años setenta descubrí la pasión de trabajar con la energía en las casas y en 1993 empecé a enseñar Feng Shui. Cuando la gente descubría lo que hacía para ganarme la vida, su respuesta más habitual era una mirada desconcertada y un «¿Feng QUÉ?». Hoy en día normalmente asienten prudentemente y la conversación continúa. En este momento todos parecen tener alguna referencia al respecto.

El Feng Shui es el arte de equilibrar y armonizar el flujo de energías naturales en nuestro entorno para crear efectos beneficiosos en nuestra vida. Estos flujos de energía natural eran bien conocidos y entendidos por las antiguas civilizaciones y en algunas culturas actuales aún existe este conocimiento. En Bali, lugar donde resido durante seis meses al año, la gente todavía vive en total armonía con lo físico, el mundo visible y el etéreo, el de las energías invisibles. En todos los lugares, ofrendas diarias en los santuarios particulares e innumerables procesiones llenas de belleza y poder, ceremonias muy arraigadas en los veinte mil templos comunales, garantizan el mantenimiento del equilibrio y la armonía. Para mí, es la manifestación del esplendor del Feng Shui: no sólo un conjunto de principios aplicados a una casa en particular para obtener un resultado específico, sino una isla al completo con sus tres millones de habitantes en sintonía con lo sagrado de la tierra y viviendo el Feng Shui como una forma de vida plena.

# Mi acercamiento al Feng Shui

Mi acercamiento al Feng Shui es bastante diferente al de otros profesionales, ya que trabajo directamente con la energía existente en cada espacio. Durante veinte años, he desarrollado la capacidad de ver, oír, oler, saborear y palpar la energía de diferentes maneras; así, al iniciar una consulta, lo primero que normalmente hago es recorrer el perímetro interior de la casa por completo, realizando una lectura de la energía con las manos. La historia de los acontecimientos está grabada en las paredes y en el mobiliario de forma sutil, como huellas electromagnéticas, y a través de su lectura e interpretación puedo detectar casi todo lo trascendental que ha ocurrido en dicho lugar. Los acontecimientos traumáticos o reiterativos están profundamente incrustados y producen un efecto considerablemente importante en los actuales habitantes del lugar. También puedo localizar las zonas de la casa donde la energía se ha asentado y proponer lo necesario para mejorar su fluido.

El desorden tiene un campo de energía inequívoco. Se presenta como un obstáculo al fluido de energía y tiene un desagradable, pegajoso y sucio tacto; produce la misma sensación que tocar con las manos una telaraña invisible. Esta sensación es la primera toma de contacto con el desorden y su incidencia en los problemas cotidianos de la gente. Tiene un marcado olor a rancio que puedo notar al entrar en cualquier casa, aunque el desorden no sea visible. De hecho, en momentos de especial sensibilidad, si una persona se sitúa cerca de mí puedo casi oler su aura (campo de energía que se sitúa alrededor del cuerpo), ya que quedan como impregnados de esta sustancia. ¡Pero no os preocupéis si algún día me conocéis personalmente; hay tanto desorden en el mundo, que a menudo suelo confundir los olores!

Sin embargo, hay algo positivo que conviene aclarar: una vez despejado el desorden, esta energía insalubre y estancada (y su correspondiente mal olor) desaparece rápidamente.

## El Feng Shui Bagua

Uno de los aspectos más interesantes del Feng Shui, al que haré continua referencia en este libro, es la cuadrícula del Feng Shui, el bagua (para información suplementaria, véase el diagrama simplificado del capítulo 8), que puede utilizarse para conectar cada aspecto de tu vida a la casa que ocupas.

Por ejemplo, hay una zona en tu casa relacionada con la prosperidad. Mucha gente se informa sobre el Feng Shui o asiste a talleres sobre el tema, se entusiasman y se apresuran a poner en práctica la teoría, sin darse cuenta de que necesitan despejar su desorden primero. Creen que es suficiente con colgar un espejo en su rincón de la prosperidad para atraer más riqueza. Pero ¿qué ocurre si esa zona está desordenada y llena de trastos? Desafortunadamente, es probable que poniendo un espejo allí se dupliquen sus problemas financieros en vez de solucionarse.

Este libro se centra sólo en este único aspecto del Feng Shui –despejar el desorden–, que es vital para su aplicación satisfactoria. Es el primer libro que explora este tema en profundidad en este contexto y tiene la intención de constituir un comienzo ideal para aquellos que se inician en el Feng Shui. Pretende ser, además, una herramienta inestimable para aquellos que lo han estudiado durante algún tiempo.

En toda esta obra me refiero básicamente a la forma de aplicar esta información en el entorno de tu hogar, pero, por supuesto, puede ser utilizado con igual eficacia en tu lugar de trabajo y en cualquier otra casa de tu propiedad.

# Despejar el espacio

Despejar el espacio es el concepto que acuñé[1] hace ya muchos años para definir esta rama del Feng Shui en la que soy pionera y por la que soy más conocida. Es el arte de liberar y consagrar energías en una casa, y es principalmente de lo que trató mi primer libro.

Para que tu vida vaya bien, es primordial tener un buen flujo de energía vital en tu hogar y en tu trabajo. El Feng Shui enseña muchas formas de mejorar este flujo de energía, y despejar el espacio es una de las más efectivas. Es una simple, aunque poderosa, ceremonia que consta de veintiún pasos necesarios para despejar las energías atascadas que se acumulan en las casas con el tiempo y que causan una sensación de atascamiento en tu propia vida. Los resultados son tan impresionantes que mucha gente acaba integrándolo en la rutina de mantenimiento habitual de sus casas; de esta manera el espacio se mantiene energética y físicamente limpio y despejado.

Hay realmente muy pocas casas tan bien diseñadas que no necesiten de los beneficios de la práctica regular del Feng Shui, y éste siempre funciona mejor y más rápido cuando se pone en práctica conjuntamente con las técnicas para despejar el espacio.

Hay tres causas principales de energía atascada que justifican un despeje del espacio:

1. Curiosamente, Denise Linn, autora del libro *Hogar sano*, independientemente y a 10.000 millas de distancia, también llegó al mismo nombre para definir ceremonias similares para despejar la energía, las cuales desarrolló y en las que es pionera. Desde la publicación de su libro y del mío, *Hogar sano con el Feng Shui*, también otra gente ha comenzado a utilizar el sintagma «Despejar el espacio» para describir todo tipo de ceremonias raras y maravillosas. En este libro, todas las referencias a «Despejar el espacio» se refieren exclusivamente a la ceremonia que describo en mi propio libro, cuya efectividad puedo garantizar.

- La suciedad palpable.
- La energía preexistente.
- El desorden.

**La suciedad palpable.** Incluye todo tipo de suciedad: la basura, el polvo, la grasa, la mugre y los desperdicios en general. La energía de bajo nivel siempre se acumula alrededor de la basura, de ahí el viejo proverbio «la limpieza se acerca a lo divino». Hacer una buena limpieza es esencial para despejar el espacio.

**La energía preexistente.** Todo lo que sucede en una casa queda grabado en sus paredes, suelos, mobiliario y demás objetos formando capas similares a las de la mugre. Pero, aunque en este caso no las podemos ver, su presencia nos afecta profundamente de diversas maneras. Por ejemplo, si te mudas a una casa donde los ocupantes anteriores estaban felizmente casados, es muy posible que tú también encuentres allí la dicha matrimonial. Si, por otro lado, tú o los ocupantes anteriores habéis sido infelices, os habéis divorciado, habéis enfermado, quebrado económicamente, engordado o habéis padecido cualquier otra circunstancia negativa, esas energías permanecen en la casa y generalmente son causa de que la historia se repita. Estas frecuencias que perduran crean el tipo de estancamiento que tú ciertamente querrás despejar.

**El desorden.** Cualquier tipo de desorden crea un obstáculo al suave flujo de energía del espacio. Esto crea atasco y/o confusión en la vida de los ocupantes.

Mientras la ceremonia de despejar el espacio para eliminar la energía predecesora, puede fácilmente llevarse a cabo en unas pocas horas, los aspectos referidos a la limpieza y a la eliminación del desorden en las personas pueden ser más lentos. De hecho, son frecuentes las referencias de los lectores que leían los capítulos iniciales de mi primer libro; en cuanto llegaban al capítulo del desorden, su señalador de lectura permanecía seis meses o más hasta que habían hecho el suficiente trabajo para continuar.

Ésta es una muestra del tipo de cartas que acostumbro recibir:

*«He despejado la mayoría del desorden y estoy preparada para hacer la ceremonia del despeje del espacio. Siento que durante los últimos seis meses no sólo he ordenado cada armario de mi casa, sino también cada parte de mi vida. Me siento más saludable y más feliz de lo que me he sentido en muchos años.»*

*«Leí el capítulo del desorden en su libro y estoy ahora mismo en la bolsa de basura número catorce y aún continuo con firmeza. Mi esposo está atónito; durante años ha estado incitándome a hacerlo.»*

*«Pensé que con un contenedor tendría suficiente, pero voy por el tercero. ¿Cómo he podido dejar que las cosas llegasen a este estado?»*

*«Su libro me incitó a despejar mi trastero y montar un pequeño rastillo. Gané 300 libras. Eso me animó a despejar mi garaje: gané más de 600 libras. He utilizado el dinero para tomarme mis primeras vacaciones en muchos años; le remito esta postal para mostrarle mi agradecimiento.»*

El siguiente capítulo te explicará con detalle que el desorden es más un obstáculo que una ayuda en tu vida.

# 2

# El problema con el desorden

Cuando realizo consultas de Feng Shui de despeje del espacio y despeje del desorden, tengo la oportunidad de visitar muchos hogares, y la posibilidad de curiosear en lugares donde la gente habitualmente no me dejaría. Como consecuencia de este inusual y, veces, dudoso privilegio, he podido a través de los años identificar y verificar el tipo de problemas que causa el desorden.

## El desorden y el Feng Shui

Es importante constatar lo intrínsecamente fundamental que es el despeje del desorden en la práctica total del Feng Shui. La mayoría de los libros relacionados con este tema lo mencionan vagamente e incluso en algunos ni lo mencionan. Quizás dan por supuesto que sus lectores ya han tratado esta cuestión, pero la mayoría no lo han hecho.

No considero el despeje del desorden y el Feng Shui como dos procesos. He comprobado que el despeje del desorden es uno de los aspectos más poderosos y transformadores del Feng Shui y por eso, en la mayoría de los casos, la cura y la mejora del Feng Shui son mínimamente efectivas hasta que no se ha realizado.

Si has utilizado el Feng Shui durante años sin conocer este principio, te sorprenderás del aumento de energía que el despeje del desorden te reportará. Y si no tienes experiencia con el Feng Shui te sorprenderá gratamente el constatar que los primeros y más importantes pasos en el aprendizaje de estas artes, ya los tienes a tu alcance.

## El desorden es energía atascada

La palabra «desorden» deriva del inglés antiguo *clotter* que significa «coagular»; aproximadamente es todo lo atascado que puedes llegar a estar.

El desorden se acumula cuando la energía se estanca; al mismo tiempo la energía se estanca cuando el desorden se acumula. El desorden comienza como un síntoma de lo que está pasando en tu vida y después forma parte del mismo problema: cuanto más tienes, más energía estancada atrae.

Sabes lo que significa. Vas caminando por la calle y alguien descuidadamente tira un paquete de cigarrillos vacío en una esquina cerca de la carretera. Al día siguiente, pasas por el mismo lugar y junto al paquete de cigarrillos se acumula más basura. En poco tiempo se convierte en un vertedero. El desorden va creciendo de la misma manera en tu hogar. Empieza siendo poco, luego lenta e inexorablemente crece y crece, al mismo tiempo aumenta la energía estancada en su entorno, y se produce el correspondiente efecto de estancamiento en tu vida.

Si logras de alguna manera que tu vida continúe, instintivamente querrás despejar el desorden de tu hogar y volver a empezar sanamente. Parece lo más fácil. Sin duda un primer paso a seguir para despejar el desorden es embarcarse en una situación de mejora personal y esperar que llegue el momento en el que simplemente no soportes tener desorden a tu alrededor. Existen muchos libros sobre las técnicas para la mejora personal, incluso cursos a los que asistir (a los que ciertamente aconsejo acudir), pero puede llevarte cierto tiempo motivarte lo suficiente para despejar tu desorden si escoges este camino.

Lo que estoy enseñando en este libro es un nuevo acercamiento, ordenar tu vida ordenando tus trastos, obteniendo así una tremenda renovación de tu energía vital. Esto es algo práctico y tangible que fácilmente puedes hacer para ayudarte.

## La energía atascada es muy pegajosa

Éste es el principal motivo por el cual es fácil que el desorden permanezca. Debes tener buenas razones para hacer algo al respecto. En el próximo capítulo veremos cómo lograrlo.

# 3

# La efectividad del despeje del desorden

Cada aspecto de tu vida está anclado energéticamente en su espacio vital, así que despejar tu desorden puede transformar por completo tu existencia.

## Despeja tu vida

En los años ochenta, en Londres, fui una de las principales profesionales en el arte del renacer, renacer como forma de desprender los bloqueos internos por medio de la respiración. Siempre he sido buena en motivar a la gente a que se ayude a sí misma, y comencé a proponer el despeje del desorden como tarea complementaria para algunos de mis clientes que estaban particularmente atascados en sus vidas. Estando lo suficientemente seguros en el proceso de solucionar lo de sus pertenencias, hicieron una incursión sustancial en la solución de sus problemas. Les decía al final de una sesión que la próxima semana haríamos lo del renacer en sus hogares y no en el mío. Creí que dándose cuenta de la diferencia de sentido entre sus hogares y el mío, les provocaría el ponerse en acción.

Recuerdo en particular a una antigua clienta, una chica joven, que estaba recuperándose de su adicción a la heroína. Después de haber tenido un par de recaídas, me di cuenta de que debía intentar un acercamiento más firme. Rechacé trabajar con ella otra sesión a no ser que la sesión tuviera lugar en su hogar. Ella manifestó la intención de abandonar su adicción arreglando su lugar para desarrollar la sesión de renacimiento allí. Fue especialmente duro para ella. Su nivel de autoestima se había hundido tanto a lo largo de los años, que vivía en la miseria. Se puso a trabajar con esperanza y finalmente unas semanas más tarde me invitó a su piso. Se podía constatar el trabajo que estaba desarrollando y el cambio producido en ella durante esas semanas era notorio. Las siguientes sesiones de terapia marcaron en esta clienta un profundo sentimiento para vencer las dificultades.

Años después coincidimos en un lugar público y no la reconocí. Se había transformado en una radiante y hermosa mujer, llena de alegría y amor por la vida, con una brillante carrera, haciendo lo que siempre había soñado hacer. Ella fechaba el cambio en aquellas sesiones y nunca había vuelto a tocar la heroína. A través del despeje de su desorden, había despejado su vida.

## Tú y tu hogar

Mientras vas poniendo orden en tu mundo exterior, ocurren simultáneamente los cambios interiores correspondientes; ésta es la razón por la cual el despeje del desorden es tan efectivo. Todo lo que te rodea, especialmente el entorno de tu hogar, refleja tu interior. Así que cambiando tu casa cambias las posibilidades de tu propia vida. Al eliminar los obstáculos en la armonía del flujo de energía en tu entorno, creas más armonía en tu vida y posibilitas un espacio en el que surjan nuevas oportunidades.

## ¡A por ello!

Una mujer que participaba en uno de mis talleres se implicó de tal manera, que cuando volvió a casa llamó a Oxfam y dijo: «Necesitaréis enviarme un camión». Se deshizo de todo su armario, pero conservó su viejo equipo de música y algunas cosas inútiles. Al hacerlo, liberó una gran cantidad de energía atascada, lo cual creó un espacio para que algo nuevo sucediera. Una semana más tarde, recibió de su madre un cheque de 5.000 libras, salió y se compró un maravilloso vestuario nuevo, un equipo de música nuevo y todo lo que deseaba.

Me contó que el cheque fue totalmente inesperado; habían transcurrido diez años desde la última vez que recibió dinero de su madre. No recomiendo que todos hagáis esto, pero lo que sí es cierto es que para ella funcionó.

He aquí otra estimulante carta que recibí de una mujer llamada Susan Byron, que reside en Irlanda. Leyó mi libro y también realizó un gran despeje del desorden:

*«Le escuché por la radio esta mañana y tuve la necesidad de escribirle y contarle que mañana me mudo de casa y que las únicas pertenencias que me llevaré aparte de mi marido, los niños, mis plantas favoritas y mis animales, son su libro, mis velas, los inciensos y las campanas.*

*Hace tres meses su libro cayó en mis manos, despejé el espacio de mi casa, y desde entonces me han sucedi-*

*do muchas cosas maravillosas. En mi diario tengo anotadas, más de cien cosas ocurridas en dos semanas. Resumiendo: desde que hemos completado nuestra ambición de mudarnos al condado de Clare en la costa oeste, terminamos nuestra casa, la hemos vendido y pagado un depósito en un hermoso solar en el Atlántico, muchos obstáculos han sido sorteados casi sin esfuerzo y los problemas repetitivos desaparecieron.»*

Otra persona me escribió para contarme:

*«He leído su libro... y he despejado la mayoría del desorden; me gustaría emprender el completo procedimiento de despeje del espacio. Desde que empecé a despejar hace dos semanas, he obtenido tres pequeños premios, dos en la lotería y uno en una rifa –como yo raramente gano algo, es difícil que se trate de una coincidencia–.»*

Este tipo de cartas llegan a mi buzón cada día y es lo que realmente me inspira a escribir este libro.

# 4

# ¿Qué es el desorden exactamente?

El diccionario de Oxford define al desorden como «un montón de cosas desordenadas». Sí, esto es cierto, pero solamente describe al desorden en un nivel puramente físico.

En mi definición existen categorías de desorden:

- Las cosas que no utilizas o no quieres.
- Las cosas que están desordenadas o desorganizadas.
- Demasiadas cosas en un espacio reducido.
- Todo lo que no está terminado.

Echaremos un vistazo a cada uno de estos puntos; así mientras leas este libro no dudarás acerca de dónde necesitas enfocar tu despeje del desorden.

## Las cosas que no utilizas o no quieres

Las cosas que quieres, utilizas y aprecias tienen energías vibrantes y gozosas a su alrededor, que permiten que la energía en el espacio fluya a través y alrededor de ellas. Si tienes un claro objetivo en tu vida y te rodeas de cosas que tienen esta maravillosa energía que fluye libremente, tendrás una vida igualmente alegre y gozosa. Contrariamente, todo lo descuidado, olvidado, no deseado, no querido o no utilizado causará que la energía en tu hogar se haga más lenta y se estanque; más tarde sentirás que tu vida no se está moviendo.

Estás unido a todo lo que te pertenece por finos hilos de energía. Cuando tu casa está llena de cosas que quieres o utilizas correctamente, se transforma en una increíble forma de apoyo y sustento para ti. El desorden, por otro lado, mina tu energía y cuanto más tiempo lo mantienes, más te afectará. Cuando te liberes de todo lo que no tenga un significado real, te sentirás literalmente más ligero en cuerpo, alma y mente.

## Las cosas que están desordenadas o desorganizadas

Esta categoría es para toda la gente desordenada e irremediablemente desorganizada. Aunque sólo tengas las cosas que utilizas y que quieres, tu lugar estará desordenado si éstas están dispersas por cualquier sitio y si te es difícil encontrar los objetos cuando los necesitas. Probablemente, como la mayoría de los desordenados, sostienes que hay orden en tu caos y es más: necesitas mantenerlo a la vista para recordar las cosas importantes que tienes que hacer. Pero de hecho, si alguien te pone a prueba y te pregunta dónde está tal cosa, como mucho sólo sabrás su ubicación de una manera aproximada, pero raramente su lugar exacto.

La vida funciona mejor cuando sabemos dónde están las cosas. Por ejemplo, piensa en tu cama. La conexión de energía entre tú y ella es directa y clara. A no ser que seas nómada, sabes exactamente dónde está y puedes conectar mentalmente con ella en microsegundos. Piensa ahora en las llaves de tu casa. ¿Sabes exactamente dónde están o debes buscarlas mentalmente? ¿Y qué tal aquella carta que necesitas responder? ¿Dónde está? Cuando tus cosas están desordenadas y confusas, los hilos que hay entre tú y ellas parecen espaguetis enredados. Esto crea tensión y confusión en tu vida; el saber dónde están las cosas te da paz y claridad.

El desorden en esta categoría consiste en las cosas que o bien no tienen un lugar propio o bien lo tienen pero están fuera de él y se han mezclado con todo lo demás. Muchos de estos objetos simplemente aparecen en tu vida, no existe una decisión consciente al adquirirlos. Esto incluye el correo que lentamente desborda su lugar y se distribuye sutilmente en los rincones más insospechados de tu hogar; también otros trozos de papel que aparecen de no se sabe dónde para terminar formando montañas que desafían cualquier intento de ordenar o de catalogar. También están las compras impulsivas. Las llevas a casa y dices: «lo pondré aquí de momento», y allí se queda. Frecuentemente, suele permanecer allí durante meses, años e incluso décadas, siempre pareciendo un poco fuera de lugar y siempre rondándote la cabeza.

Bien, tampoco estoy predicando una limpieza impoluta. Un hogar exageradamente ordenado, donde todo está en su sitio, es energéticamente estéril y puede ser igual de problemático que un lugar en absoluto desorden. Pero tu hogar es una representación externa de lo que está pasando dentro de ti: si existe un cierto desorden en tu exterior, existe el correspondiente desorden en tu interior. Ordenando lo exterior, lo interior comienza a encajar.

31

# Demasiadas cosas en un espacio reducido

A veces es simplemente un problema de espacio. Tu vida o tu familia han crecido pero tu casa se ha quedado del mismo tamaño, o no fue lo suficientemente grande desde un principio. Puedes ser muy ingenioso con su almacenamiento pero cuanto más rellena tu espacio vital, menos sitio hay para que la energía fluya y se hace más difícil hacer las cosas. Con esta variedad de tipo de desorden, tu hogar comienza a sentir como si no pudiera respirar, tu propia respiración se volverá más tensa y superficial (¿cuándo fue la última vez que respiraste profundamente hasta llenar los pulmones?), y te sentirás atado respecto a lo que puedas hacer en tu vida.

La única solución es mudarte a un lugar más grande o deshacerte de algunas cosas. En cualquier caso, te sorprenderá lo bien que te sienta.

## Todo lo que no está terminado

Este tipo de desorden es más difícil de ver y más fácil de ignorar, pero sus efectos son más extensos. Todo lo que no está terminado en lo físico, mental, emocional y en el reino de lo espiritual desordena tu psique.

Las cosas que no se han tratado en casa reflejan aspectos no tratados en tu vida y son una constante merma en tu energía. Existen también las reparaciones molestas como arreglar el cajón roto, algún aparato, reparar aquel grifo que suele gotear y las tareas más engorrosas, tales como volver a decorar la casa, el mantenimiento de la calefacción o domar la jungla en la que se ha transformado tu jardín. Cuanto más larga sea la lista, más entorpece tu capacidad de seguir con tu vida normal.

Coser los botones, las llamadas telefónicas pendientes, las relaciones que no quieres y otras formas de finales inconclusos en tu vida impedirán tu progreso en caso de no tratar con ellos. Tu subconsciente reprimirá suavemente estas cosas, si tú se lo pides, pero consume mucha de tu energía el hacerlo. Te sorprenderás de cómo tus niveles vitales se elevan si concluyes todos tus asuntos no terminados.

El próximo capítulo explora cómo todos estos tipos de desorden te afectan en tu vida de forma que tal vez nunca hayas sospechado.

# 5

# Cómo te afecta el desorden

L a mayoría de la gente no es consciente de cuánto les afecta su desorden. Puedes incluso creer orgullosamente que tu desorden es un capital, o por lo menos un capital potencial, después de haber sido ordenado y organizado. Pero es realmente cuando comienzas a despejarlo cuando te darás cuenta de lo mucho mejor que te sientes sin él.

El desorden te afectará de acuerdo al tipo de persona que seas, de cuánto desorden tienes, de dónde y de cuánto tiempo hace que lo tienes en tu hogar. He aquí algunos de los principales efectos a tener en cuenta:

## Tener desorden te hace sentir cansado y aletargado

La mayoría de la gente que acumula desorden dice no poder encontrar la energía para comenzar a despejarlo. Se sienten permanentemente cansadas. La energía estancada que se acumula alrededor del desorden es la causa del cansancio y del aletargamiento. Despejarlo libera la energía en tu hogar y remite nueva vitalidad a tu cuerpo. He aquí lo que la gente me comenta:

*«Me quedé despierto hasta tarde leyendo su libro y quedé tan ensimismado que no pude dormir. Me levanté de la cama y empecé a despejar mi desorden hasta las cuatro de la mañana. Al día siguiente, tuve que ir a trabajar pero no me sentí nada cansado.»*

*«Acostumbraba ser como un saco de patatas. Volvía a casa del trabajo y "vegetaba" delante del televisor cada noche. Hice un enorme despeje del desorden y ahora le encuentro tan poco uso a la televisión que la he tirado. He descubierto nuevos intereses y no tengo tiempo de verla.»*

*«Al principio, me sentí intimidada por el volumen total de mi desorden pero sabía que debía despejarlo. Lo que me llamó la atención era lo mucho mejor que me sentía después de cada cajón ordenado y de cómo la energía surgía para continuar y para hacer más.»*

## Tener desorden te mantiene en el pasado

Cuando todo tu espacio disponible está lleno de desorden, no hay sitio para que nada nuevo entre en tu vida. Tus pensamientos tienden a vivir en el pasado y te sientes atascado con problemas que ya te habían atascado durante algún tiempo. En tu vida tiendes a mirar hacia atrás en lugar de hacia delante, culpando al pasado de tu situación actual en lugar de asumir la responsabilidad de crear un mañana mejor. Despejar tu desorden te permite comenzar a tratar tus problemas y avanzar. Debes desprenderte del pasado para crear un mañana mejor.

## Tener desorden congestiona tu cuerpo

Cuando tienes mucho desorden, la energía de tu hogar se congestiona como también lo hace tu cuerpo. Los desordenados normalmente no hacen ejercicio, a menudo están estreñidos, están embotados, con el cutis deteriorado y sin vitalidad en la mirada. La gente con poco desorden en sus vidas es generalmente activa, tiene la piel despejada y radiante y un destello en su mirada.

## Tener desorden te puede afectar el peso

Un hecho curioso que he constatado con el transcurso de los años es que la gente que tiene mucho desorden en sus casas, normalmente tiene sobrepeso. Creo que esto sucede porque tanto la grasa corporal como el desorden son formas de autodefensa. Construyendo capas de grasa o de desorden a tu alrededor, esperas que se amortigüen los golpes de la vida, particularmente las emociones que te son difíciles de manejar. Te otorgan la ilusión de ser capaz de controlar las cosas y de prevenir que te afecten en profundidad. Pero es sólo una ilusión. En palabras de Oprah Winfrey:

> *«Lo que he aprendido durante los trece años de dura batalla con la báscula, es que no puedes realmente comenzar a trabajar lo físico hasta no llegar primero a lo que te está reteniendo emocionalmente. La razón por la cual no avanzamos en nuestra vida es el miedo que nos retiene, las cosas que nos apartan de ser todo lo que deberíamos ser.»*

Ciertamente he descubierto que es verdad que las personas con sobrepeso a menudo tienen muchos miedos que han enterrado profundamente en su interior, a los que necesitan sobreponerse para despejar su desorden. De cualquier modo, muchos me escriben para hacerme saber cuán libres se sienten cuando finalmente lo hacen y de cómo el proceso que les permitió despejar su desorden también les permitió como por arte de magia liberarlos de la grasa. También me comentan que es mucho más fácil centrarse en poner en orden su casa que poner a dieta su cuerpo y que, cuando empiezan a cuidar su entorno, sienten más natural el cuidarse mejor a sí mismos. Como dijo una mujer: «Después de haber despejado los trastos de tu casa, no parece correcto continuar dándole comida basura a tu cuerpo».

## Tener desorden te confunde

Cuando se vive rodeado de desorden, es imposible tener claridad acerca de lo que estás haciendo en tu vida. Cuando lo despejas, tienes menos resfriados, puedes pensar con más claridad y las decisiones de la vida son más fáciles.

## Tener desorden afecta la manera en que la gente te trata

La gente te trata de la misma manera con la que tú te tratas a ti mismo. Así que si te valoras y te cuidas, la gente te tratará bien. Si «abandonas» y permites que el desorden se acumule a tu alrededor, puedes atraer gente que te maltrate de alguna manera; subconscientemente pensarás que es lo que te mereces. Si tu hogar está desordenado y sucio, a tus amigos les puedes gustar como persona, pero difícilmente te respetarán, especialmente si estás siempre detrás de todo lo que tienes que hacer, no mantienes tus promesas porque eres desorganizado. Cuando despejas tu casa, puedes mejorar tus relaciones en el proceso.

## Tener desorden te hace diferir las cosas

Si tienes mucho desorden, tenderás a postergar las cosas para mañana. El desorden atasca tu energía y te pone difícil hacer cosas. Después de despejar el desorden, te sorprenderás a ti mismo, y a todos los demás, queriendo hacer cosas que habías postergado durante mucho tiempo. La gente se siente de pronto motivada para volver a plantar en su jardín, iniciar algún curso, coger unas vacaciones y realizar las más diversas actividades. ¡Las cartas que recibo exclusivamente referidas a este efecto del despeje del desorden son asombrosas!

> *«Mi marido murió hace cinco años y yo he ido retrasando el deshacerme de sus pertenencias. Su libro finalmente me dio el valor de empaquetar todas sus cosas y llevarlas a Oxfam; fue como un soplo de aire fresco que entró en mi vida. Sé que es difícil de creer a mi edad, tengo 71 años, pero me he matriculado en la universidad para aprender informática y probablemente pronto sea ¡la primera ciberabuela del mundo!»*

> *«Mientras despejaba el desván, me topé con las cartas de unos entrañables amigos que habían emigrado, descubrí mis lágrimas cayéndome por las mejillas, dándome cuenta de cuánto los añoraba y lamentándome por haber perdido el contacto con ellos. Para resumir, acabé con el desván y cogí un avión para ir a visitarlos. Tu-*

*vimos la más maravillosa de las reuniones. Ahora estoy*
*pensando seriamente en mudarme allí.»*

*«Esto de despejar el desorden parece que se mete en la*
*sangre. No contenta con despejar todos los armarios de*
*casa, estoy cada mañana para arriba y para abajo arre-*
*glando el jardín. ¿Dónde acabará esto?»*

## Tener desorden causa falta de armonía

El desorden es la principal causa de discusiones en las
familias, entre los que comparten piso, entre socios y compañeros de trabajo. Si vives o trabajas metido en el desorden y los de tu alrededor no, su forma de vida no te impe-
dirá progresar, pero seguramente sí impida la de ellos. Si
sabes algo de metafísica, entenderás que toda esta gente te
atrae a sus vidas por un motivo y tú los atraes a tu vida por
un motivo. Pero el desorden es un motivo de bajo nivel.
¡Despéjalo y podrás llegar al principal propósito del por
qué están juntos, que es mucho más interesante que discutir por tonterías!

## Tener desorden te puede hacer sentir avergonzado

Tal vez hayas llegado al estado en el que tu hogar está tan
desordenado y es tal el desorden que te avergüence invitar a
gente y sientes realmente pánico si alguien viene sin avisar.
Puedes vivir aislado con tus trastos, pero ¿no preferirías hacer un buen despeje, reparar tu autoestima y regenerar tu
vida social con confianza?

# Tener desorden puede paralizarte la vida

Conocí a una encantadora pareja mayor que vivía en una preciosa mansión de quince habitaciones. Sus hijos ya mayores habían abandonado el hogar y vivían felizmente casados. Los espacios habitados y las habitaciones de cada hijo estaban ordenados y bien mantenidos, pero hacía tiempo que la mayor parte de su habitación y otras tres más estaban completamente desaparecidas bajo un mar de desorden. Una habitación parecía un tienda de trastos, con adornos y juguetes de todo tipo apilados; otra habitación estaba llena de montañas de ropa, y la tercera tenía un montón de trastos y cajas llenas que habían heredado de una tía que «necesitaba limpieza». Cuando les pregunté, admitieron que les encantaría viajar y disfrutar de sus últimos años juntos, pero siempre tenían esas habitaciones tan desordenadas en la cabeza. Siempre que salía el tema de las vacaciones, decían que no podían hasta haber despejado primero los trastos. En definitiva, ¡su vergüenza sobre su desorden los había mantenido en casa durante años!

No dejes que se te pase la vida. Siéntate ahora mismo y escribe una lista de todas las cosas que te encantaría hacer, piensa como si tu desorden estuviese despejado y deja que esto te sirva de inspiración para empezar.

# Tener desorden te deprime

La energía atascada del desorden hace decrecer tu energía y puede deprimirte. De hecho, no conozco a ninguna persona deprimida que no esté rodeada de desorden. Los sentimientos de desesperación son parte del desorden y hasta cierto punto pueden ser suavizados despejándolo, creas un espacio para que algo nuevo entre en tu vida. La mayoría de las depresiones son causadas por nuestro «dejar de hacer», por «hacer otra cosa».

Si ya estás tan deprimido que no puedes ni siquiera comenzar a pensar en hacer un despeje, por lo menos quita el desorden del suelo (eso elevará tu energía y tu ánimo); la gente deprimida tiende a amontonar su desorden. Sería una buena idea comprobar la tensión geopática de tu casa, energía dañina que irradia la tierra. El desorden se acumula en zonas de tensión geopática y podría ser uno de los factores causantes de tu depresión.

## Tener desorden te puede causar exceso de equipaje

Si en tú casa existe mucho desorden, seguramente te llevarás buena parte de este desorden cuando viajas. Los adictos al desorden habitualmente tienen que pagar exceso de equipaje cuando salen de vacaciones, ya que suelen llevarse muchas cosas «por si acaso», por si las necesitan, sin mencionar todos los recuerdos que acostumbran comprar para llevarse a casa.

Tienden a tener exceso de equipaje también en lo emocional. ¿Tienden a hacer montañas de un grano de arena, montar dramas innecesarios, a enfadarse al menor descuido? Aprende a aligerarte físicamente, descubre que te puedes aligerar emocionalmente y disfruta más de la vida.

## Tener desorden disminuye tu sensibilidad y el disfrute de la vida

Así como el desorden enmudece los sonidos y la atmósfera de tu hogar, también enmudece tu capacidad de vivir plenamente. Puedes convertirte en un animal de rutinas y sentirte como si estuvieras viviendo en una rutina permanente, haciendo lo mismo día tras día, año tras año. Puedes incluso convertirte en una persona aburrida. Despejar el desorden te permite que una nueva inspiración entre en tu casa y en tu vida. Incluso el cambiar de orden las cosas de casa de tanto en tanto, te ayudará a refrescar la energía.

Una limpieza general es esencial si realmente quieres tener pasión, diversión y felicidad en tu vida. Estos sentimientos son una experiencia de gran fluidez de energía en tu cuerpo y esto no sucede si tus canales están obstruidos.

## Tener desorden causa limpieza extra

Se emplea mucho más tiempo en limpiar un lugar lleno de objetos, además es necesario limpiar dichos objetos. Cuanto más desorden existe, más polvo se acumula, más energía se estanca y te encuentras menos propenso a realizar la limpieza. Es una espiral ascendente. Imagina todas las cosas divertidas que puedes hacer en tu vida si despejas tu desorden y reduces el tiempo empleado en la limpieza.

## Tener desorden te hace desorganizado

¿Con qué frecuencia pierdes las llaves, las gafas o la cartera? ¿Cuántas veces has buscado algo, lo has dejado, y luego lo has encontrado por casualidad semanas o meses después? ¿O tal vez sea más fácil salir y comprar lo que has perdido antes de seguir buscándolo, sabiendo que lo tienes?

Ser desorganizado te hace perder tiempo, lo cual es frustrante, y te hace sentir fracasado. Mucha gente se mantiene desorganizada como una interminable protesta contra la disciplina paterna a la que fueron sometidos cuando eran pequeños, pero seguir con el desorden toda tu vida no hace más que sabotearte. Es muy gratificante tomar el control de tu casa y hacer lo que quieres, en lugar de permitir que problemas no resueltos de tu niñez dirijan tu vida.

## Tener desorden puede ser insalubre o acarrear peligro de incendio

Se puede llegar a esto. Cuando el desorden comienza a oler mal, atrae bichos, se convierte en basura, se enmohece o empieza a desintegrarse, es antihigiénico conservarlo para ti y también para tus vecinos. Algún tipo de desorden puede ser un peligro de incendio.

Si valoras tu salud y tu seguridad y prefieres estar en buenas relaciones con tus vecinos, despéjalo antes de que se ponga peor,¡seguramente no mejorará por sí mismo!

## Tener desorden puede crear una simbología no deseada

¿Qué mensaje simbólico puede enviar tu desorden? El Feng Shui nos enseña a ser muy selectivos con los adornos, cuadros y fotografías que tenemos a nuestro alrededor, ya que nos envían un mensaje. Me parece sorprendente constatar cómo la gente se aferra a objetos a los que atribuyen un gran valor sentimental aunque simbólicamente representen lo opuesto a lo que quieren.

Un simple ejemplo: si eres soltero y estás buscando pareja, deshazte de los adornos individuales y de los retratos en solitario, sustitúyelos por adornos compartidos y fotos en pareja. Si eres propenso a las discusiones, no utilices excesivamente el rojo en tu decoración. Si te sientes deprimido, libérate de todos los objetos colgantes de tu casa y sustitúyelos por objetos orientados hacia el techo. Lee el capítulo titulado «El desorden y la simbología del Feng Shui», que aparece más adelante en este libro, y querrás deshacerte de la mitad de tu desorden de una sola vez, cuando descubras que está emitiendo las frecuencias equivocadas para aquello que deseas en tu vida.

## Tener desorden te cuesta financieramente

¿Cuánto te cuesta realmente mantener las cosas inútiles? A veces, cuando todo razonamiento ha fracasado, es una simple operación matemática lo que hace que la gente se percate de su desorden.

Hagamos cuentas. Entra en cada habitación de tu hogar y calcula el porcentaje de espacio que ocupan las cosas que raramente utilizas. Sé honesto contigo mismo a la hora de realizar este proceso. Si quieres la verdad descarada, incluye todo lo que no quieres o lo que no has utilizado en el último año, y para que la aproximación sea todavía más real, extiende el período de tiempo a dos o tres años. En una casa de tamaño medio, puedes terminar con una lista similar a ésta:

1. Vestíbulo          5%
2. Sala de estar      10%
3. Comedor            10%
4. Cocina             30%
5. Habitación 1       40%
6. Habitación 2       25%
7. Trastero           100%
8. Cuarto de baño     15%

| | |
|---|---|
| 9. Sótano | 90% |
| 10. Desván | 100% |
| 11. Cobertizo | 60% |
| 12. Garaje | 80% |
| *Desorden total* | 565% |

Ahora divide el total entre el número total de espacios.

565% / 12 = un promedio del 47% ¡de desperdicio por
        habitación!

En este ejemplo, el coste de despejar tu desorden asciende al 47% del coste del alquiler o de la hipoteca de tu casa. Te recomiendo seriamente que hagas tus números ahora mismo.

Quizás has llegado a la etapa en la que el desorden haya sobrepasado tu casa y estés pagando algún almacén donde guardarlo. Los propietarios de estos almacenes han incrementado mucho su volumen de negocio en los últimos años. En las áreas urbanas a menudo es necesario reservar con meses de antelación un lugar de almacenaje. ¿Es ésta realmente una buena forma de usar tu dinero? ¿No hay alguna otra cosa en la que preferirías gastarlo?

Y hay otras formas en las que tu hábito de desorden te cuesta dinero. Está el coste de tu tiempo mientras lo compras y de encontrar un lugar donde colocarlo. A menudo el gasto de comprar recipientes donde guardarlo: cajas, estanterías, armarios de diversos tamaños, cajoneras, archivadores o, en casos más extremos, construir un anexo posterior, levantar un cobertizo, instalar pisos en el desván o construir un segundo garaje. Después el coste de limpieza, mantenerlo a un correcto nivel de temperatura y humedad, protegerlo del clima y de los olores y por último transportarlo en caso de mudanza. Probablemente también decidas asegurarlo e instalar un sistema de seguridad para protegerlo. Finalmente hay que considerar el tiempo y la energía emocional que pagamos en el momento de desprendernos de él. ¿Merece realmente la pena?

Todo esto cuesta con frecuencia más que los mismos objetos. Piénsalo. Estás gastando todo ese tiempo, dinero y esfuerzo para comprar cosas que nunca utilizas y pagando para guardarlas indefinidamente sin razón alguna.

## Tener desorden te distrae de las cosas importantes

¿Te pertenecen tus cosas o perteneces tú a ellas? Todo lo que te pertenece merece tu atención; cuanto más desorden tienes, más energía comprometes en cosas banales. Como vimos en la sección anterior, de alguna manera es necesario cuidar de todo. Cuando despejas tu desorden, quedas libre para poner en perspectiva las cosas importantes de la vida, en lugar de estar constantemente estancado en los asuntos del día a día.

El entender cómo tu desorden te afecta, te ayuda a verlo de forma diferente y comenzar a tomar nuevas decisiones acerca de si lo quieres mantener o no. Una parte vital del proceso de toma de decisiones incluye entender, en primer lugar, el por qué acumulas desorden, que es justamente de lo que trata el próximo capítulo.

# 6

# ¿Por qué la gente mantiene el desorden?

L a respuesta a esta pregunta es compleja, y mientras vayas leyendo las próximas páginas, encontrarás que las diferentes secciones te serán razonables en mayor o menor medida.

En las muchas consultas que he realizado para ayudar a la gente a despejar su desorden, los trastos mismos son sólo el aspecto físico del problema. Siempre hay hechos profundos que subrayan la razón por la cual el desorden se ha acumulado. Excusas como «estoy muy ocupado, cansado o estresado» son tonterías. Si buscas el tiempo para adquirir desorden (mucha gente lo hace con facilidad), puedes también buscar tiempo para despejarlo. Estas defensas son intentos de evadir el hecho sin tener que mirar las razones psicológicas que explican el almacenamiento del desorden.

Antes de seguir con esto, déjame decir primero que creo firmemente que todos siempre lo hacemos lo mejor que sabemos. Así que dictemos sentencia sobre el desorden, el tuyo y el de los demás, y tirémoslo ya mismo. Y también despeja cualquier culpa que puedas sentir. Si tienes desorden en tu vida, por alguna razón has necesitado crearlo. Y por esto mismo, el desorden que ahora tienes ha sido perfecto para ti.

El propósito de este capítulo es ayudarte a comprender por qué has necesitado desorden en el pasado y te ayudará a renunciar y a dejar de acumularlo en el futuro. Estos patrones están profundamente enterrados en tu subconsciente y, si no los comprendes, dirigen tu vida. Cuando eres consciente de ello, pierde gradualmente el poder sobre ti, y pronto serás capaz de recordarlo y reír de tu ridícula etapa de recolector de desorden.

Así que echemos un vistazo a algunas de las razones de por qué has sentido la necesidad de guardar todas las cosas que tienes.

## Guardar cosas «por si acaso»

Ésta es la razón número uno que la gente da para guardar cosas. «No puedo tirarla», se excusan, «seguro que algún día la necesito.» Por supuesto que es razonable guardar un cierto número de cosas que utilizas regularmente, pero ¿necesitas realmente todas esas cosas, que durante años has acumulado? Haz la lista tú mismo.

«¿Quién sabe?», me contestarás, acordándote de todas las veces que habrás tirado algo que luego comprobaste que realmente necesitabas. Así que deja que te explique ahora por qué sucede esto y cómo cambiarlo.

Guardar cosas «por si acaso» indica una falta de confianza en el futuro. Tú creas tu propia realidad con los pensamientos que tienes, así que si te preocupas por algo que necesitarás después de tirarlo, entonces seguro que tu subconsciente creará una situación en la cual, sin importar este objeto, habrás menester de éste. «¡Sabía que lo necesitaría!», exclamarás, pero de hecho podrías haber impedido esta necesidad pensando de manera diferente. ¡Tú creas esa necesidad, creyendo que la tendrás! Si existe mucho desorden, al que sin duda estás aferrado por pensar de esta manera, estás enviando un mensaje al universo, en el que muestras tu desconfianza en que el futuro te provea de lo necesario, y siempre te sentirás vulnerable e inseguro.

A veces no es solamente tu futuro lo que te preocupa. Puedes querer realmente ayudar a otros que lo necesiten. En este caso, guarda absolutamente todo «por si acaso», por si alguien lo necesita. Ahora estás guardando cosas en interés de personas que puedes aún no conocer y de situaciones que probablemente nunca sucedan. ¡Esto hace virtualmente imposible deshacerte de algo!

He aquí alguno de los más agudos ejemplos de este tipo de desorden con los que me he topado hasta ahora:

- ¡Cinco acuarios guardados durante quince años en un desván por un hombre al que no le gustaban los peces!
- Una despensa completamente llena hasta el techo de botellas vacías, tarrinas de margarina, cajas de huevos y otros utensilios parecidos, cosas que nunca fueron utilizadas en más de veinte años.
- Una habitación llena de juguetes, guardada para el futuro vástago del hijo homosexual, «por si acaso», por si alguna vez éste cambiaba y decidía casarse con una mujer y tener hijos.
- Una guía telefónica completa de Gran Bretaña (varias docenas de volúmenes de 1981), tirada en 1997.

Si investigas en tu casa, probablemente encontrarás tus propios objetos absurdos que añadir a esta lista.

Lo bueno es que una vez que entiendes por completo tu rol en la creación de esta repentina necesidad, y decides tirar todas aquellas cosas que no necesitas, el problema desaparece. Nunca más las necesitas o acaso si las necesitas, cosas similares o incluso mejores aparecerán en tu vida en el momento oportuno. Existe una cierta habilidad para esto, es verdad, pero cualquiera lo puede aprender. Cuanto más aprendas a confiar en que la vida te cuidará, más te cuidará la vida.

## Identidad

Otra razón por la que puedes sentirte unido a tus pertenencias es porque de alguna manera sientes que tu propia identidad está atada a ellas. Puedes mirar la entrada de un concierto al que fuiste hace diez años y decir: «Sí, yo estuve allí, hice eso». Puedes mirar un objeto que te regaló un amigo y decir: «Sí, tengo un amigo que me quiere lo suficiente para darme esto». Guardando estos recuerdos a tu alrededor, puedes sentirte más seguro de quién eres.

Está bien guardar algunos regalos y recuerdos de tiempos felices, dado que tienen un valor para ti y no son tantos los recuerdos que anclan tu energía en el pasado en lugar del presente. Puedes asegurarte de ello, haciendo despejes regulares para mantener actualizadas las cosas de las que te rodeas.

De todas formas, despejar este tipo de pertenencias presenta dificultades. A veces, te identificas con ellas de una forma tan fuerte, que sientes que estás tirando parte de ti mismo o si era el regalo de un amigo, que estás tirando su afecto. Esto afecta a una cantidad de sentimientos ambivalentes sobre el despeje del desorden sentimental, y hasta cierto punto estos sentimientos son válidos. Nuestras pertenencias, ciertamente, se llenan con nuestras frecuencias, y las cosas que utilizamos a menudo, aquellas por las que sentimos cariño o las que nosotros creamos, están particularmente llenas de nuestra energía. Los regalos de los amigos, en especial aquellos objetos apreciados de los que ellos dicen: «quiero que tú lo tengas», están llenos de su energía. Esto, a propósito, es una de las razones más profundas de por qué la gente se siente emocionalmente devastada cuando lo pierden todo como resultado de un robo, incendio, inundación o algún otro desastre. Ellos se lamentan de las partes de sí mismos y de sus amigos que han perdido con sus posesiones, a pesar de que de hecho éstas son magníficas oportunidades enviadas del cielo, creadas con su álter ego, para darles un nuevo comienzo en la vida.

El hecho es que nuestra propia permanencia y buen hacer no depende de que ningún objeto continúe perteneciéndonos. Es correcto dejar marchar estas cosas. Si te identificas fuertemente con ciertos objetos y quieres hacerlo más fácil, haz que éstos vayan a otra casa. Déjales ir con cariño, dáselos a alguien que los aprecie y utilice. ¡De esta forma te sentirás más culpable de retenerlos que de dejarlos ir, porque si los retienes te conviertes en un obstáculo para que éstos tengan un nuevo sentido en la vida con alguien que realmente los valorará!

## Estatus

También se conoce como «mantener las apariencias» y sirve para reforzar una baja autoestima. No estoy diciendo que todas las personas que vivan en una gran mansión tengan baja su autoestima. Nada más lejos de ello. Pero algunos hacen gala de su prosperidad, simplemente para «mantener las apariencias» y la acumulación de «objetos» les será suficiente, hasta que logren contener los asuntos más profundos de su autoestima.

Es tan fácil en la cultura occidental, orientada a poseer, perder la huella de quién eres o de para qué estás aquí. En ningún lugar es más evidente que en Estados Unidos, donde el estatus personal es a menudo definido no por quién eres, sino por lo que tienes. Pero, si acumulas objetos por esta razón, estás comprando un espejismo, ya que no podrás llevártelos cuando te vayas. Tu estatus como eterno espíritu es definido por un conjunto de principios completamente diferentes a los de nuestro mundo materialista.

## Seguridad

Mientras que es razonable tener un instinto básico de establecerse y de crear un hogar adecuado a tus necesidades, hay un punto en donde la motivación por adquirir objetos se desborda. La publicidad moderna está deliberadamente diseñada para actuar en nuestras inseguridades. «Si no tienes uno de éstos, serás menos» es uno de los consistentes mensajes que recibimos. Para descubrir cuánto estás influido, te desafío a no leer las vallas publicitarias la próxima vez que salgas a la calle. A no ser que estés en un país en el que no entiendas el idioma, es muy difícil. Estas multimillonarias campañas publicitarias nos condicionan implacablemente de forma muy persuasiva sin que nos apercibamos. Somos bombardeados por ellas: televisión, radio, periódicos, revistas, carteles, pegatinas, camisetas, Internet, llámalo como quieras, y todos nos animan a comprar, comprar, comprar.

Ésta es la cuestión: no importa cuántas pertenencias tengas, nunca te sientes seguro. Tan pronto obtienes una cosa, siempre hay alguna otra que «necesitas». También tienes el problema añadido de preocuparte por no perder las cosas que ya posees. Algunas de las personas más inseguras que conozco son multimillonarias. La verdadera seguridad sólo puede venir del saber quién eres y para lo que estás aquí.

## Territorialismo

Veamos que sucede cuando decides comprar algo nuevo. Imagina que estás de compras, buscando una nueva chaqueta. Encuentras una que realmente te gusta, la dejas un momento para comprobar que no haya otra que te guste más, viene otro cliente que la coge y parece interesado en comprarla. El pánico te recorre por dentro y piensas: «Ésa es mi chaqueta». Y luego cuando la deja sientes un alivio, o acaso cometes la estupidez de decirle que tú estabas primero. Éstos pueden ser sentimientos muy intensos, pero en realidad es solamente una chaqueta que cinco minutos antes no significaba nada para ti.

Después la compras, te la llevas a casa, y la conexión energética se fortalece. Si al día siguiente se mancha, rompe, estropea o sufre un accidente inesperado, ¡qué calamidad!, ¡qué desastre! Y sin embargo hace dos días, antes de que entrara en tu vida, no significaba nada para ti. ¿Qué está sucediendo?

Este territorialismo y deseo de poseer cosas proviene directamente del ego, que nos lleva a poseer y a controlar objetos. Tu espíritu ya sabe que no te pertenece nada. Se trata de darse cuenta de que tu felicidad no depende de ser el dueño de las cosas. Te pueden ayudar en tu viaje pero no son el viaje por sí mismas.

## Heredar la conducta del desorden

La mayoría de nuestros modelos de comportamiento los aprendemos de nuestros padres. Y si uno de tus padres o ambos eran adictos al desorden, existe la posibilidad de que sus padres lo fueran y de que los padres de éstos también lo fueran. Estos modelos de comportamiento pasan de generación en generación.

Para que puedas apreciar la inmensidad a la que te enfrentas si vienes de un largo linaje de adictos al desorden, déjame relatar un hecho sorprendente con el que me topé recientemente. Si miras para atrás tan sólo seiscientos años en tu árbol genealógico, que son unas veinte generaciones, y si cada uno de tus desordenados predecesores fuese remplazado por dos hijos, entonces el número total de antecesores directos desde 1400 d. C. sería de más de un millón de personas. Esto es mucha adicción al desorden para contener.

La mentalidad «por si acaso» es parte de un estado psicológico de pobreza de conocimiento, lo opuesto al de riqueza de conocimiento, y pasa normalmente de padres a hijos. Así que tú tal vez nunca hayas pasado hambre o nunca hayas sido perseguido en tu vida, pero si la gente que te crió experimentó algunas de estas penurias, inculcaron estos miedos en ti. Así, la gente en Estados Unidos todavía acarrea el peso emocional del miedo que proviene del tiempo de «La gran depresión del 29», mucha gente en Irlanda acarrea el legado de «La gran hambruna irlandesa de 1840», gente de muchos países recuerdan el racionamiento de los tiempos de guerra y así otros ejemplos. Elegir pensar diferente te puede liberar de las ansiedades de aquellos que te criaron, y cuando avanzas un paso más y te centras en la abundancia más que en preocuparte de la escasez, alegremente te desharás de las cosas que ya no necesitas. De hecho, estarás ansioso de deshacerte de ellas a fin de crear más espacio para que te lleguen cosas buenas.

Muchos libros se han escrito en las últimas décadas enseñando a la gente cómo despejar modelos de enfermedades heredadas y otros rasgos familiares. ¿Qué pasará con tus hijos si tú no aprendes a tratar la adicción al desorden? Ahora tienes la oportunidad de despejar tu línea familiar para todas las generaciones venideras. Hay una cantidad de evidencias que sugieren que estos actos no sólo ayudan a los que están por venir, sino que también pueden ayudar retrocediendo en la espiral del tiempo, a tus ancestros retrospectivamente, que a la vez te ayudan.

## La creencia de que más es mejor

He aquí un ejemplo. En Occidente, en nuestras cocinas, tenemos una completa selección de cuchillos. Tenemos cuchillos pequeños para cortar cosas pequeñas y cuchillos grandes para cortar cosas grandes; algunos terminan en punta, algunos son afilados, algunos son ligeros, algunos son pesados. Seleccionamos cuidadosamente el cuchillo más apropiado para la tarea que tenemos entre manos. Ve a Bali y encontrarás algo interesante. No sólo que en las casas tienen un solo cuchillo que puede ser utilizado para hacer muchas más cosas de las que podamos imaginar, sino que un niño de cinco años es normalmente más diestro con el cuchillo que la mayoría de los cocineros occidentales; pídele a uno que te pele una piña. Tanto nos han lavado el cerebro con publicidad hasta hacernos creer que necesitamos tal cantidad de artículos cortantes, que ahora la mayoría de nosotros hemos perdido la capacidad de manejarnos sin ellos.

La creencia de que «más es mejor» está constantemente introducida por los fabricantes que quieren crearnos la necesidad para vender sus productos, y los crédulos caen. La próxima vez que uno de esos catálogos de «utilísimos artefactos de los que no te habías dado cuenta que necesitabas» se cuele en tu buzón, diviértete media hora leyéndolo, convenciéndote de cuánto mejor sería tu vida si tuvieras ese antideslizante multiuso de cuidado fácil, y después tíralo alegremente a la papelera. Recular al borde de determinada compra es tremendamente vigorizante, ¡además nunca lo hubieses utilizado igualmente!

## «Avaricia»

Los más enfervorizados adictos al desorden se niegan a desprenderse de sus trastos hasta que sienten que realmente le han sacado provecho al dinero que se han gastado en ellos. Esto se aplica incluso si el objeto fue comprado regateando o cogido por nada. Parece indecente desprenderse de él hasta exprimir hasta la última gota de utilidad que se le pueda quitar, incluso si esto significa tenerlo en un armario indefinidamente esperando a que llegue su momento.

De cualquier manera, si estás enganchado a las cosas por esta razón, encontrarás que la vida no te trata bien. Las cosas buenas no pueden entrar fácilmente en tu vida si bloqueas el flujo de energía pegándote persistentemente al desorden anticuado. Relájate un poco y verás lo que pasa.

## Utilizar el desorden para suprimir emociones

¿Te sientes incómodo con excesivo espacio libre a tu alrededor o con demasiado tiempo libre? El desorden convenientemente llena ese espacio y te mantiene ocupado. Pero ¿qué estás evitando? Generalmente eludes la soledad, el miedo a la intimidad o algún otro sentimiento oculto que te parece más fácil enterrar en el desorden general que enfrentarte a él. De todas maneras, es un esfuerzo sobrehumano y derrochas una tremenda energía para mantenerlo retenido. Cuando finalmente te enfrentes a tus miedos, quedarás sorprendido por la manera en cómo despega tu vida y por fin te encuentras a ti mismo. Despejar tu desorden es una de las formas menos dolorosas, eres tú quien marca el ritmo y decide el camino a seguir.

# Desórdenes obsesivo-compulsivos

Algunas personas acumulan tal cantidad de desorden que sufren el denominado desorden obsesivo compulsivo. Si tú ya has alcanzado el nivel en el cual nunca tiras ningún objeto porque te preocupa descubrir que más tarde lo puedas necesitar, este libro te ayudará a comprender el problema y al mismo tiempo también deberás buscar la ayuda de un profesional, la de un terapeuta con experiencia contrastada. He conocido gente que guarda todos y cada uno de los recibos de los pagos que efectúa, cada bolsa de plástico, todos los periódicos y un sinfín de objetos por ese miedo paralizante a lo que podría ocurrir si no lo hiciera. Luego, en vez de ser lugares desde donde nutrirse, desde los cuales poderse lanzar al mundo, sus hogares se transforman en sus propias pesadillas interiores.

En tanto que el despeje del desorden no viene motivado por ser un sustitutivo de la terapia adecuada, puede ser al mismo tiempo una parte vital del proceso de recuperación en el viaje hacia una vida más feliz y libre de obsesiones. Para obtener más información acerca de este tema, debes leer el cuento «El Sr. Mas, el hombre que no podía tirar nada» en *The Sky is Falling*, de Raeann Dumont (véase bibliografía).

# 7

# Desprenderse

El proceso de despeje del desorden te enseña cómo desprenderte de él. No sólo te enseña a desprenderte de tus pertenencias, eso solamente es el resultado final. Lo más importante es aprender a desprenderte del miedo que te mantiene aferrado a los objetos; después ya vendrá el momento de dejarlos que sigan su propio camino.

## «Han venido por el equipo de música»

Durante medio año, vivo habitualmente en Bali, Indonesia; el resto del año suelo hacerlo en Occidente. Desde el momento de mi vida en que decidí hacerlo, he estado llevando esta forma de vida durante los últimos ocho años. A menudo la gente me comenta que desearían que sus vidas fueran lo más parecidas a la mía. Imaginan que tengo mucho dinero y que por tanto puedo hacer lo que me apetece, pero la verdad es que empecé con nada más que un deseo insaciable de vivir en Bali durante seis meses al año. Cuando contemplan honestamente sus vidas y constatan todo aquello que les impide hacer algo que manifiestan realmente querer hacer, muchos de ello comprueban que el principal obstáculo es el apego que tienen a sus propias posesiones. Han estructurado sus vidas de tal forma que no son libres de hacer lo que realmente les apetece hacer.

Stuart Wilde es un tipo de hombre de los que a mí me gustan. Siguió llegando a recónditos lugares en el mundo y descubrí que había estado en algunos lugares justo unos días antes que yo, por lo que espero que cualquier día de éstos nuestros caminos coincidan. En su libro *La vida no tiene por qué ser una lucha*, tiene un capítulo que es una verdadera delicia. Se titula «Aferrado a nada».

«*Todo lo que tienes está bajo el cuidado de la Fuerza Divina. Si llegas a casa y el equipo de música no está, puedes decir: "¡Ah!, han venido por el equipo de música", mejor que enfadarse por ello. Sólo volvió a la Fuerza Divina. Otra persona lo tiene ahora. Esto deja espacio para que otro equipo de música entre en tu vida. O simplemente puede dejar el espacio. Ahora tendrás el oportuno silencio para meditar y pensar sobre quién eres o qué quieres de esta vida.*»

Y si lo que estás buscando es algo en que gastar tu dinero, he aquí su consejo:

«*La verdadera función del dinero no es tenerlo, su función es gastarlo. La principal razón para generar dinero es para comprar experiencias. Quieres llegar al final de tu vida con casi nada en tu banco, y mirar hacia atrás y decir: "Dios mío, mira este enorme montón de experiencias", porque ninguno de tus recuerdos se pierde.*»

# Solamente de paso

La vida está cambiando constantemente. Así que cuando algo entra en tu vida, disfrútalo, utilízalo bien, y cuando llegue el momento, despréndete de ello. Así de simple. Sólo porque algún objeto te pertenezca, no significa que debas conservarlo siempre. Eres simplemente un custodio temporal de muchas cosas que están simplemente de paso en tu vida. De hecho, ¡cuando mueres no puedes llevarte todo el contenido de los armarios de la cocina y seguramente tampoco querrías!

Todo lo material es mera energía en transición. Puedes pensar que tienes una casa o dinero en el banco, pero de hecho ni tan sólo eres dueño del cuerpo en el que estás. Lo tienes a préstamo del planeta; cuando termines de usarlo, se reciclará automáticamente y reaparecerá de forma diferente sin tu alma. Tú eres espíritu glorioso, eterno, indestructible espíritu, pero tu circunstancia humana es lo que mejor podemos describir como una transitoria situación de alquiler corporal.

Tu cuerpo es el templo temporal de tu alma. Lo que mantienes en tu entorno, en el templo extendido de tu hogar, necesita cambiar contigo mientras tu cambias y creces, así puede reflejar quién eres. Si estás particularmente comprometido con cualquier tipo de trabajo de mejora personal, necesitarás actualizar tu entorno regularmente. ¡Así que acostúmbrate a dejar un rastro de desorden descartado en tu camino y piensa en ello como un signo de progresión personal!

# Despréndete del miedo

La gente retiene su desorden porque experimenta un cierto pánico al desprenderse de él, miedo de los sentimientos que puedan experimentar en el proceso de despejar los trastos, miedo a cometer un error y posteriormente arrepentirse como consecuencia de haber tirado alguno de sus objetos, miedo a quedar vulnerables, expuestos a cualquier tipo de riesgo. Intuitivamente todos lo sabemos: despejar el desorden puede provocarnos muchas «circunstancias» con las que enfrentarnos y tratar.

De cualquier manera bien lo vale; los beneficios que obtenemos al despejar el desorden son muy apreciables. El amor y el miedo no puede existir en el mismo espacio, así que todo lo que te retiene en el miedo te está impidiendo obtener más amor en tu vida; despejarlo permite que se filtre más amor en tu vida. El miedo no te permite ser quien realmente eres y hacer lo que realmente has venido a hacer; despejar el desorden te trae más claridad acerca del propósito de tu vida. El miedo suprime tu energía vital; desprenderte del desorden te vuelve a conectar con tu propia vitalidad natural. Desprenderte del desorden te deja libre para ser tú mismo, que es el mejor regalo que te puedes hacer.

# Segunda parte

# Identificar el desorden

# 8

# El desorden y el Feng Shui Bagua

S i los capítulos previos no te motivaron lo suficiente como para empezar con el despeje de tu desorden, éste seguro te impactará.

## La comprobación bagua del desorden

El Feng Shui Bagua es una reja que revela cómo los diferentes espacios de cualquier casa que ocupes están conectados con aspectos específicos de tu vida.

Si existe un espacio en particular de tu casa o de tu trabajo que siempre parece desordenarse tan rápido como tú lo ordenas, busca en qué espacio del bagua está localizado y comprueba qué está pasando en ese aspecto de tu vida. Muy probablemente encontrarás que ésta es una parte de tu vida que necesita constante atención y continúa obstaculizándote de manera permanente. ¡Nuestras vidas y las casas que ocupamos son indivisibles! Así que es mucho más sensato ser lo más selectivo posible acerca de lo que guardamos en ese espacio, para atraer una mayor tranquilidad y armonía a esa parte de nuestra vida.

Almacenar más y más objetos en cualquier sitio puede tener unas consecuencias ciertamente preocupantes. Por ejemplo, una habitación muy desordenada ubicada en tu espacio de la prosperidad puede crearte serios problemas financieros en tu vida. Un contable que asistió a uno de mis talleres decidió ponerlo en práctica. Su negocio había quebrado y se dio cuenta de que en el espacio próspero de su oficina había un montón de espejos rotos y objetos decorativos. Los despejó y se sorprendió al recibir en pocos días no una sino dos llamadas de personas requiriendo sus servicios, personas que posteriormente se convirtieron en sus nuevos clientes. Pero lo más extraordinario fue que se trataba de grandes compañías que estaban profundamente irritadas con sus actuales grupos de contables; de pronto habían decidido buscar a otro contable de la forma más inusual, buscando en las *Páginas amarillas* y su nombre fue el primero que escogieron. Estaba tan impresionado que volvió a otro taller y nos contó lo sucedido. He escuchado innumerables historias similares a lo largo de los años.

## Utilizando el bagua

Un profundo estudio del Feng Shui Bagua puede llevar muchos años y, con posterioridad a la lectura de este libro, puedes estar interesado en profundizar un poco más, ver los libros recomendados en la sección del Feng Shui Bagua en la bibliografía. De todas formas, con la sana intención de motivarte a que despejes tu desorden, voy a explicarlo en términos muy básicos y con un diagrama básico también.

Digamos que quieres aplicar el bagua a tu casa. Coge una hoja de papel y dibuja los planos de tu casa; bastará con

| Prosperidad Riqueza Abundancia | Fama Reputación Iluminación | Relaciones Amor Matrimonio |
|---|---|---|
| Los mayores Familia Comunidad | Salud ● Unidad | Creatividad Hijos Proyectos |
| Conocimiento Sabiduría Mejora personal | La carrera El curso de la vida El viaje | Amigos útiles Compasión Viajes |

El Feng Shui Bagua (diagrama simplificado).

una línea exterior que indique paredes y puertas, vista desde arriba. Si alquilas un espacio o habitación de otra casa, no dibujes la casa entera, dibuja sólo el piso o la habitación donde vives.

Lo siguiente es girar la hoja de papel hasta que la entrada principal de tu casa, piso o habitación esté paralela al borde inferior de la hoja, como si estuvieras frente a ella y a punto de entrar. La entrada principal es el factor determinante de cómo colocar el bagua porque así es como la energía, al igual que las personas, entra en tu hogar. He aquí algunos ejemplos, véanse las páginas siguientes.

Nota especial para los irlandeses y otras comunidades amigas del mundo: si tú, tu familia, tus amigos y el cartero al entregarte el correo utilizáis la puerta trasera como la principal, entonces es esta puerta la que debes utilizar para alinear el bagua.

El siguiente paso es localizar el centro de tu casa; así podrás dibujar el bagua en los planos e interpretar en ellos cada uno de los espacios de tu vida localizados en la casa. Si la casa es cuadrada o rectangular, esto es fácil. Simplemente dibuja la diagonal desde cada esquina para determinar el punto central, alinea el punto central con el punto central del bagua. Comprueba en estos diagramas cómo el bagua tiene una cualidad elástica y se estira para llenar las formas rectangulares.

Si la casa es de forma irregular, primero tienes que «hacerla» cuadrada; luego podrás dibujar las líneas diagonales para establecer el punto central y alinearlo con el punto en el centro del bagua (véase más adelante).

## Baguas dentro de baguas

Aquí es donde se pone aún más interesante. El bagua no sólo se aplica a la totalidad de tu casa: hay también un bagua más grande para el plano del terreno donde está ubicada (gíralo hasta alinear el margen inferior de la reja con la entrada principal del plano del terreno) y un bagua para cada habitación dentro de la casa (alinea el margen inferior de la reja paralela a las puertas de cada habitación).

Esto te quitará cualquier idea que puedas tener acerca de trasladar secretamente tus trastos al cobertizo del fondo de tu jardín. Un cobertizo lleno de trastos ubicado en la esquina posterior izquierda de tu jardín saboteará tus finanzas; uno ubicado en la esquina posterior derecha hará tensas tus

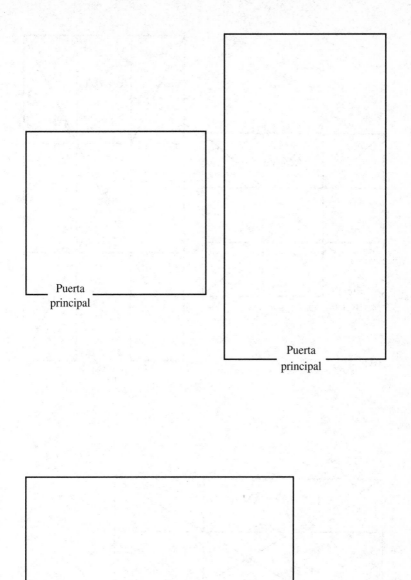

Puerta
principal

Puerta
principal

Puerta
principal

Dibujo de un plano de una casa o habitación normal.

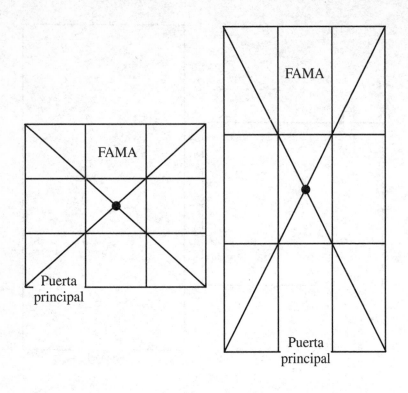

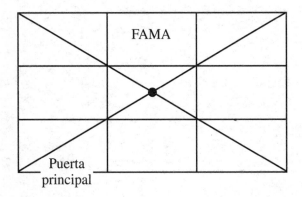

Localiza el centro de tu casa y dibuja el bagua.

relaciones; uno ubicado en el centro posterior de tu jardín puede dañar tu reputación, etc. ¡No hay lugar donde puedas poner tu desorden sin que te afecte!

## El desorden y el bagua

En mi primer libro, *Hogar sano con el Feng Shui*, encontrarás mucha información sobre cómo crear curas y mejorías Feng Shui para cada espacio del bagua, que sirven para mejorar los correspondientes aspectos de tu vida.

En este libro, me centro en los efectos de mantener basura en cada espacio.

Prueba este simple ejemplo. Piensa en un armario de tu casa que esté absolutamente lleno de cosas, uno que hace tanto que está así que ya no sabes realmente lo que hay allí. Ese armario corresponde a una parte de ti. Hay una parte de ti de la que te has desconectado de tal manera que no te quieres enterar de lo que está ocurriendo por allí. Para averiguar lo que puede ser, busca dónde está ubicado este armario en el bagua de tu casa y también en el bagua de la habitación en la que se encuentra. Si está en una habitación que utilizas mucho este bagua será el más importante, en el que debes buscar; si no es así, coge como referencia el bagua de toda tu casa.

## Las nueve secciones del bagua

Notarás que cada sección del bagua es descrita por diferentes nombres. Esto es para proporcionarte más sensibilidad en los diferentes niveles y frecuencias de energías que existen en cada uno de los espacios. Escoge cualquiera de los nombres, el que más te suene.

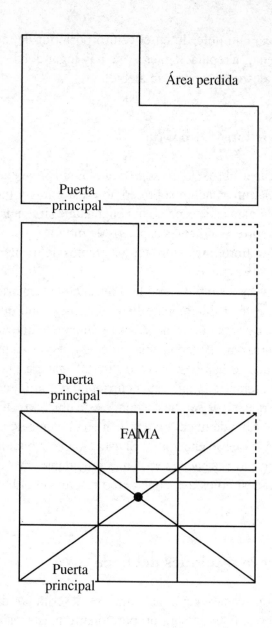

Una forma más compleja: completa el espacio hasta que quede de forma cuadrada para localizar el centro de tu casa y dibuja el bagua.

**Prosperidad, Riqueza, Abundancia, Dotes para la fortuna.** El desorden en este espacio obstaculizará tu manejo del dinero, causará un estancamiento de toda tu situación financiera y dificultará la creación de abundancia en tu vida.

**Fama, Reputación, Iluminación.** Cuando este espacio está desordenado puede empañar tu reputación y disminuir tu popularidad. El entusiasmo, la pasión y la inspiración también se verán afectados.

**Relaciones, Amor, Matrimonio.** Tener desordenado el espacio de las relaciones puede causarte dificultades en el momento de buscar pareja o causarte serios problemas en tu actual relación. Lo que consigas no será lo que necesitas o lo que deseas.

**Los mayores, Familia, Comunidad.** Este tipo de desorden puede causarte problemas con los superiores, figuras de la autoridad, padres, también dentro de tu familia y con la comunidad en general.

**Salud, Unidad.** El desorden aquí puede traerte consecuencias perjudiciales para tu salud y a tu vida le faltará un importante foco central.

**Creatividad, Hijos, Proyectos.** Si esta zona está desordenada, es probable que experimentes bloqueos en tu creatividad; te costará realizar tus proyectos y tendrás importantes dificultades en tus relaciones con los niños o con la gente que trabaja para ti.

**Conocimiento, Sabiduría, Mejora personal.** El desorden en este espacio limita tu capacidad de aprendizaje, de tomar decisiones acertadas y la de mejora personal.

**La carrera, El curso de la vida, El viaje.** Cuando tienes desorden aquí te puede parecer como si tu vida fuese siempre cuesta arriba. Sientes que vives en una rutina, no haciendo lo que quieres y probablemente sin saber lo que es.

**Amigos útiles, Compasión, Viajes.** El desorden en este espacio bloquea el flujo de soporte en tu vida, así que te sentirás solo durante mucho tiempo. También inhibe los planes de viajar o de mudarse.

## El test bagua

Soy una gran escéptica y te animo de todo corazón a probar la validez de esta información antes de aceptarla. Una forma de hacerlo es escoger uno de los espacios del bagua que esté bien en tu vida, llénalo con un montón de objetos, déjalo durante unos meses y verás lo que ocurre. Yo lo experimenté una vez y fue un auténtico desastre.

Otra forma más productiva, que sinceramente te recomiendo en lugar del primer método, es escoger un espacio de tu vida que no esté yendo bien y hacer un despeje del desorden en los espacios relevantes del bagua. Por ejemplo, suponiendo que te sientes generalmente sin apoyo. Necesitarías despejar del jardín cualquier desorden del espacio de los amigos útiles, si lo tienes, el espacio de los amigos útiles del bagua de toda tu casa y el espacio de los amigos útiles de las habitaciones donde pasas más tiempo. Si alguno de estos lugares son inaccesibles por alguna razón (suponiendo que tengas un inquilino viviendo en esa parte de la casa o algo así), necesitarás hacer un esfuerzo extra en aquellos a los que tienes acceso.

Por supuesto, la mejor forma es pretender despejar todo tu desorden donde quiera que esté. Esto ayudará de igual manera a todos los aspectos de tu vida.

La próxima sección del libro versa sobre cómo identificar tipos de desorden específico y empieza por las zonas favoritas del desorden, zonas donde muy probablemente se te acumulen los trastos.

# 9

# Zonas de desorden en tu hogar

Piensa en tu casa como un gráfico tridimensional que representa tu propia vida. Si compartes el espacio con otros, puedes querer reclamar que representa sus vidas, más que la tuya propia, especialmente si te superan en número, pero no podrás escaparte tan fácilmente. Todo lo que te rodea es un reflejo de ti mismo y esto incluye no solamente la casa, sino también cualquier otra persona que viva en ella y lo que ellos hagan allí.

Este capítulo habla de algunos de los espacios primarios donde el desorden se acumula y de cómo te pueden afectar.

## Sótanos y otros tipos de depósitos subterráneos

Tu sótano o bodega simboliza tu pasado y tu subconsciente. Un sótano desordenado simboliza asuntos del pasado que no has tratado, a menudo asuntos muy farragosos (la gente tiende a guardar los objetos pesados en los sótanos). El tiempo que hayan estado allí abajo te dirá cuánto tiempo hace que has postergado tratar con lo que está simbólicamente representado en esos objetos; recuerda sumar el período de tiempo que no ha sido utilizado antes de relegarlo al sótano.

Si dejas cosas en la bodega mucho tiempo, la posibilidad de que el moho, ratones, humedad, hongos o algún otro salvador natural intervengan te ayudará a decidir tirarlas. Pero mientras este proceso está sucediendo, ¿cómo están afectando a tu vida estos objetos? Sentirte desesperanzado, deprimido, letárgico, desmotivado o desanimado en tu progreso son sólo algunos de los desafortunados efectos que el desorden subterráneo puede tener.

Por supuesto puedes utilizar tu bodega para guardar cosas, pero necesitas revisar regularmente lo que hay allí; guarda solamente objetos que utilices con cierta regularidad y no tengas demasiadas cosas allí abajo que no permitan circular el aire y la energía.

## Desvanes

Las cosas almacenadas en el desván pueden coartar tus aspiraciones superiores y tus posibilidades. Es como si te saboteraras creando una falsa limitación. Te llevarán a preocuparte más del futuro que otras personas, como si tuvieras problemas pendientes, que reaparecerán en cualquier momento. Después de despejar sus desvanes mucha gente me escribe para contarme la diferencia que experimenta:

> *«Me llevó una semana despejar el desván pero me sentí fantástico y estoy rebosante de energía.»*

> *«Tenía recuerdos de más de cuarenta años almacenados en mi desván, viejas cartas de amor, fotos, cachivaches y recuerdos. Sólo acumulaban polvo y entretenían a los ratones. Lo despejé todo y reconvertí mi desván en un estudio de arte, que más tarde se convirtió en mi habitación preferida de la casa. Mi reencontrada creatividad me ha traído mucha alegría.»*

> *«Le solicité una consulta porque mi negocio se había estancado hacía años y estaba deseando que usted pudiera aplicar sus maravillosas técnicas de Feng Shui para que creciera y mejorase. Lo último que esperaba es que me recomendara despejar el desván y debo admitir que no lo hubiese hecho por mí mismo. Fue mi mujer la que finalmente me convenció y sólo quiero hacerle saber que ha sido exactamente como usted dijo; fue como destapar mi negocio. Ha despegado completamente hacia nuevos y excitantes caminos, como un sueño hecho realidad.»*

## Trasteros

Afortunadamente el capítulo del bagua te hace desistir de la idea de poseer otra vez algún trastero. La oscura energía que emana de los trasteros es altamente indeseable y puede ser en realidad una traba para trabajar cualquier aspecto de tu vida con el que esté conectada. Si las circunstancias son tales que te es absolutamente necesario tener un trastero, por lo menos ordena y organiza lo que hay allí.

## Cajones trasteros

Las siguientes conclusiones pueden sorprenderte. Mi consejo es el siguiente: posee sólo uno. Designa un cajón donde simplemente puedas tirar cosas dentro. Si vives en una casa muy grande, puedes tener incluso un cajón trastero en cada piso.

Todo esto del despeje del desorden no es para ser obsesivamente perfecto, sino para ordenar tus pertenencias de forma tal que la energía de tu casa sea vibrante y fluida en vez de embotada y estancada. En este mundo tan ocupado, a veces necesitamos el bendito alivio de poder simplemente abrir un cajón y tirar dentro todas aquellas cosas raras que estén ensuciando el lugar. Así que ten tu cajón trastero pero sigue estas tres reglas:

1. Escoge un cajón pequeño.
2. Utilízalo rara vez.
3. Límpialo con regularidad.

## ENTRADAS, PUERTAS Y PASILLOS

## Tu entrada principal

En el Feng Shui, la entrada principal de tu casa representa tu acercamiento al mundo cuando miras hacia afuera y tu acercamiento a tu propia vida cuando miras hacia adentro. Así como la gente entra y sale a través de esta puerta, también lo hace la energía. Si el espacio está desordenado de cualquier forma, puede restringir el flujo de oportunidades que te surjan · e impedir tu progreso en el mundo. Éste es un espacio muy importante que tener despejado. El desorden cerca de la entrada principal crea un esfuerzo innecesario en tu vida.

La próxima vez que utilices esta puerta, echa un largo y objetivo vistazo a lo que ves. ¿Tiene el camino hacia ella ramas que cuelgan o plantas que han crecido demasiado? ¿Hay objetos cerca de la puerta o son visibles desde el camino mientras entras o sales de la casa? ¿Tienes que luchar para pasar entre perchas de protuberantes abrigos amontonadas, zapatos tirados, botas, chubasqueros, sombreros, guantes, bufandas u otro tipo de parafernalia? Organiza este espacio hasta que esté lo más despejado posible, y ten especial cuidado de que no quede nada detrás que te impida abrir la puerta totalmente.

## Tu puerta trasera

Como descubrirás más adelante en este libro, cuando hable acerca de las maravillas de la purificación del colon, todo come y excreta. Si tu puerta principal es la boca por donde las cosas entran, lógicamente tu puerta trasera es... (lo puedes deducir tú mismo). Así que si no quieres que tu casa se constipe, tampoco dejes que el desorden se te acumule aquí.

## Detrás de las puertas

Una forma muy simple de comprobar si el Feng Shui funciona o no, es revisar todas las puertas de tu casa y despejar el desorden que haya detrás de cada una de ellas. Esto incluye las cosas que cuelgan de los ganchos que se colocan detrás de las puertas y de los pomos (vestidos, toallas, bolsos o lo que sea), así como también las cosas que les impidan abrirse totalmente (muebles, el cesto de la ropa sucia, etc.). Luego comprobarás que es mucho más fácil; se te transforma la vida. Esto es tan simple y tan efectivo. Cuando las puertas no se pueden abrir totalmente, la energía no puede fluir libremente por tu casa; así todo lo que hagas te costará más esfuerzo. Cuando quitas el desorden, la energía fluye más tranquilamente y tu vida también.

## Pasillos

El desorden en corredores, pasillos y escaleras obstruye el flujo de energía que atrae la vida a tu casa; así, tu vida avanza pesadamente en lugar de correr de manera fluida por su camino. El peor tipo de desorden es aquel que te hace retorcer el cuerpo, ya que debes maniobrar alrededor de él. Mantén estos espacios lo más despejados que puedas.

## ESPACIOS DONDE VIVES

## La antesala/sala de estar/comedor

Esto varía enormemente de casa en casa. Algunos están extremadamente limpios, ordenados y libres de desorden; así, en cuanto llegan visitas siempre están presentables. Otros están en un estado que parece como si un huracán acabara de pasar. Lo importante es que tu casa tenga un «corazón», donde la gente se sienta naturalmente atraída a estar y quedar con otros. Incluso si vives solo, igual necesitas un lugar así para ti mismo. Una casa sin corazón no es un hogar.

A veces la mesa de la cocina o el comedor se convierten en el punto de reunión de esta energía; otras, puede ser la antesala o la sala de estar. Dondequiera que se encuentre este punto de reunión, es importante que la energía no pase demasiado rápido a través del espacio. Necesita poder juntarse y mezclarse antes de seguir su camino. Así que éste es un ejemplo donde unos pocos y bien ubicados adornos pueden ser colocados para anclar la energía y crear un ambiente casero. Hazlo lo más acogedor posible y es particularmente importante tener una atractiva pieza central que simbolice algo relevante y que inspire a la gente que vive allí.

## La cocina

¿Qué se esconde en los armarios de tu cocina? Un hombre que asistió a unos de mis talleres compartió con nosotros la siguiente experiencia: después de leer mi libro decidió empezar a comer toda la comida que tenía y no volver a comprar hasta haber consumido la mayor parte de ella. ¡Dijo que pudo vivir así durante casi ocho semanas! Al final sólo le quedaron unas diez latas que no le gustaban; simplemente las tiró y se fue de compras.

Haz una limpieza a fondo de todos los armarios y no olvides la nevera ni el congelador.

## Cosas que no pertenecen al dormitorio

¿Es tu dormitorio un pequeño vertedero de aquellas cosas que no puedes poner en otro sitio? Si es así, te estás tratando como a un ciudadano de segunda. No es realmente ideal tener ordenadores, bicicletas estáticas, aparatos rotos u otros objetos parecidos llenando el espacio donde duermes. El desorden existente en el dormitorio es una verdadera plaga, tanto para niños como para adultos. Tanto si eres soltero y estás buscando relación o si ya la tienes, te valdrá la pena mantener tu habitación ordenada. La energía vieja se acumula en la ropa sucia, así que no guardes la cesta de la ropa sucia en el dormitorio y asegúrate de cambiar tus sábanas por lo menos una vez por semana para mantener tu energía vital y fresca. Estos hábitos mejorarán tu sueño así como también tu vida amorosa.

## Debajo de la cama

Cualquier cosa en tu campo de energía afecta la calidad de tu sueño, así que resiste la tentación de acumular trastos debajo de la cama. Si tienes una de esas camas que tienen cajones, lo mejor que puedes guardar en ellos es juegos de sábanas limpias, toallas o ropa.

## Encima del tocador

¡Es curioso y un hecho poco conocido que cuando la gente tiene muchos frascos y recipientes encima del tocador la mayoría están en efecto vacíos! ¡Comprueba los tuyos y verás! Mantén las superficies de tu dormitorio tan despejadas como puedas; así la energía puede moverse más tranquila y armoniosamente en el espacio.

## Encima de los armarios

El desorden amontonado encima de los armarios es como un problema pendiente esperando ser tratado. Limita tu capacidad de pensar claramente y con frescura, y es lo primero que visualizas al despertarte por la mañana: tenderás a despertarte perezosamente. Mucho desorden en tu casa acumulado por encima del nivel superior de la vista tendrá generalmente un efecto opresivo y puede ocasionarte frecuentes dolores de cabeza.

## Dentro de los armarios

Durante su vida, la mayoría de la gente sólo usa el 20% de su vestuario personal; el restante 80% no suele usarlo. Si no lo crees, prueba durante un mes y cada vez que uses algo y lo laves, cuélgalo al final de tu armario. A final de mes encontrarás (salvo que deliberadamente cambies tus hábitos para superar esta prueba o que tengas un trabajo que a menudo te obligue a cambiar de ropa) que estás usando la misma ropa la mayoría del tiempo.

De hecho, no solamente la ropa que usas sigue esta proporción 20/80. Ésta puede ser aplicada a todos los demás objetos que poseas y a la mayoría de las actividades que realizas en tu vida. Todos acostumbramos a obtener el 80% de nuestros resultados, sobre el 20% de nuestros esfuerzos (esto se conoce en el mundo de los negocios como el principio de Pareto, llamado así por el economista italiano, que fue el primero en resolverlo). Igualmente, obtenemos el 80% de uso de nuestros objetos personales sobre el 20% de nuestras pertenencias.

Así que, cuando llegues a despejar tu armario, primero separa el 20% de la ropa que honestamente te encanta usar y el 80% de la que sólo está ocupando espacio; se hace más fácil tirar lo que sobra.

Cuando estés con la pila del 80% es bueno tener claro un criterio de selección en el momento de descartar algo o quedárselo. Primero comprueba los colores. Una gran inversión es consultar a un profesional del color para descubrir qué colores realzan y mejoran tu energía y cuáles hacen lo contrario. Te quedarás con una muestra de colores que seguro te hacen verte y sentirte seguro y fantástico, te proporcionan una gran seguridad como persona. En primer lugar, esto te ayuda a separar por lo menos un 50% de tu ropa y descartarla para siempre, ya que de pronto se hace obvio que nunca hicieron nada por ti.

Después, pruébate cada una de las prendas de la pila que queda y mira cómo te sientes. Si no te gustan la forma, la textura, el corte, el material o alguna otra cosa, despréndete de ella. Te lo debes a ti mismo, crear una colección de prendas que te encanten; de esta manera, al abrir tu armario lleno de ropa, nunca más te lamentes diciendo: «¡Pero si no tengo nada que ponerme!».

Toma la decisión de no comprar nunca más nada que no sea en realidad lo que te gusta, porque ahora sabes que simplemente acabará en la pila del 80% y que habrás malgastado el dinero. Decide comprarte sólo la ropa que te guste mucho y que te siente bien, y si esto significa que te compras tres magníficas prendas que cuestan un poco más, en lugar de veinte más baratas, adelante. Y te recomiendo esto aunque vayas corto de dinero. De hecho, querer siempre vestir bien y sentirse bien es una de las mejores formas de aumentar tu energía y de atraer más prosperidad.

## La ropa y las vibraciones de energía

Algunas personas guardan prendas que no han usado en más de veinte años. Dicen que si se aferran a ellas durante el tiempo suficiente volverán a estar a la moda. Mi consejo es: si hay algo que no has usado el último año y especialmente algo que no hayas usado en los últimos dos o tres años, entonces despréndete de eso. En un año habrás pasado un ciclo de todas las estaciones y si no has sentido la necesidad de usarlo durante todo este tiempo, entonces a ese artículo de ropa en particular le habrá pasado su momento. Si han transcurrido dos o tres ciclos de estaciones sin usar esas prendas, entonces definitivamente habrá llegado el momento de desprenderse de ellas.

Puede ser útil que entiendas por qué esas ropas jamás volverán a ser apropiadas. De la misma forma que decoramos las paredes de nuestras casas, escogemos colores, texturas y géneros que usamos para reflejar nuestras propias vibraciones de energía. Por ejemplo, la gente pasa por fases de colores. Hace varios años mi vestuario era completamente púrpura con algunas prendas verdes, azules o turquesa, pero era el púrpura el que más usaba. ¡Alguien vino a buscarme a Bali y supo cuál era mi casa por la cantidad de ropa de color púrpura que tenía colgada secándose al sol! Por aquel entonces yo estaba apilando mucha energía púrpura en mi aura que tenía que ver con la mejora de mi poder y prosperidad. Ahora he integrado el color y casi nunca lo uso.

La mayoría de la gente tiene alguna prenda en su armario que compraron, usaron una vez y nunca más volvieron a utilizar. Simplemente, lo que sucede es que un día te vas de compras y te fijas en algo, digamos que es naranja con topos púrpura. Te lo pruebas y te sienta fantásticamente (para ti), así que lo compras. Bien, sucede que ese día en particular estabas un poco inestable emocionalmente y los colores en tu aura habían cambiado a naranja con topos púrpura, o algo complementario a esos colores, así que la nueva ropa te parecía estupenda. Pero al día siguiente ese particular estado emocional ha desaparecido, tu aura vuelve a sus colores habituales y la ropa ya no te parece tan fantástica (¡nunca se lo había parecido a nadie más!). Esperas que el ciclo vuelva pero normalmente (por suerte) fue único con pocas o casi ninguna posibilidad de que vuelva a repetirse. El truco es: nunca vayas de compras cuando te sientas emocionalmente inestable. Las compras cómodas son una forma segura de terminar con un armario lleno de ropa que nunca usaremos.

Alguna gente se aferra a ropa que manifiestamente es de tallas inferiores; evidentemente tienen planeado adelgazar para usarla alguna que otra vez. Apenas sucede de esta manera. Si tú eres así, hazte un favor y sigue el consejo de Denise Linn que yo he pasado a mucha gente con estupendos resultados. Tira toda esta ropa y sal a comprarte algo que te haga verte y sentirte realmente bien, exactamente como estás ahora. ¿Adivina lo que pasa por lo general? Pierdes peso. Llámala ley del revés si quieres, pero funciona y la razón es que has dejado de resistirte a ser gordo. Has decidido quererte a ti mismo exactamente como eres, en vez de esperar a perder peso. ¡A la que te resistes, persiste y cuando dejas de resistirte, deja de persistir!

# Lavabos

Algunos lavabos que conozco están repletos de aparatos y de productos de belleza. Están en estanterías, en el alféizar de la ventana, sobre la cisterna, alrededor de la bañera, al lado del lavamanos, en el suelo y cualquier otro lugar donde haya espacio. Nos dificultan la limpieza, suelen dejarnos la inevitable marca pegajosa, nos crean confusión y caos en un espacio que idealmente necesita calma y tranquilidad. La gente con los lavabos despejados consigue allí alguna de sus reflexiones (¡y también sus mejores canciones!) mientras están en la bañera o en la ducha. Para obtener mejores resultados, coloca algunos sitios para guardar cosas y manténlos ordenados y limpios por dentro y por fuera.

## Garajes/cocheras

Estos lugares acostumbran a ser el deleite de los adictos al desorden. Te brindan un gran lugar donde almacenar piezas de coches que ya no tienes, algunos muebles que ya no utilizas, cajas de innumerables objetos que nunca te gustaron y todo un sinfín de cosas que no puedes colocar dentro de tu casa. Los auténticos acaparadores dejarían orgullosamente sus fabulosos automóviles aparcados en la calle sufriendo las inclemencias de las diferentes estaciones del año, con el único propósito de que su inestimable desorden que carece de valor esté sano y seco. Incluso conozco una familia que se mudó de una casa que tenía un solo garaje a otra que poseía dos, ¡simplemente porque necesitaban un lugar extra donde almacenar su desorden!

Los garajes pueden ser utilizados para guardar cosas, pero sólo con los artículos que te gusten y utilices. Un garaje limpio y ordenado puede ser una delicia.

## Coches

El estado general de la mayoría de los automóviles que posee la gente es una verdadera revelación de su estado de desorden. ¡Si has despejado el desorden de tu casa pero vas por ahí conduciendo con basura hasta la rodilla, aún hay mucho trabajo por hacer!

Tu coche es como un pequeño mundo en sí mismo. ¿Te avergüenzas y pides perdón por su estado cada vez que llevas a alguien? ¿Cuántas veces piensas a la semana: «A este coche le vendría bien una buena limpieza»? Cada vez que lo piensas, tu energía cae; incluso llega a costarte más energía el no hacerlo. Tú sabes lo bien que sienta cuando está recién limpio y ordenado. ¡Regálatelo!

## DESORDEN PORTÁTIL

Hablo aquí de bolsos de mano, bolsos, maletines, bolsillos y cosas así. Imagínate que sólo hablase o simplemente escribiese libros diciéndole a la gente lo que debe hacer. Sucede que hace unos pocos días, estaba visitando a unos amigos y su hija de dos años decidió que era hora de la inspección del bolso de mano del huésped. Fuera todo, cosa por cosa, mientras que su madre y su padre la miraban con cariño. Aparentemente esta pequeña acostumbraba registrar bolsos de mano con frecuencia, dejando un reguero de mujeres turbadas en su camino. Te puedo asegurar que te sienta mucho mejor quedarte sentada mirando entretenida la acción infantil, que la angustiosa sensación de consternación que te podría producir dicha inspección. Sus padres estaban preparados para pedirme disculpas pero en su lugar me otorgaron el premio al bolso mejor ordenado que jamás habían visto. Por supuesto que no está siempre tan inmaculado, pero realmente no le veo sentido a llevar una bolsa de basura dondequiera que vaya, así que ordenarlo regularmente es tan importante como lavar mi ropa.

## Un apunte internacional

He notado que los espacios del desorden varían de país en país. En Australia, por ejemplo, la gente tiende a tener los garajes o los lugares de almacenamiento debajo de la casa; así que es aquí donde tienden a poner su desorden. En Inglaterra, los desvanes y los sótanos son los favoritos. A los irlandeses, les encanta llenar cobertizos y dependencias fuera, detrás de la casa. ¡Y los americanos lo amontonan *en cualquier sitio*!

# 10

# Colecciones

Mucha gente colecciona cosas. Los menos imaginativos coleccionan dedales, cucharitas de té, cajas de cerillas, tarjetas de teléfono, salvamanteles de cervezas o sellos, mientras los más excéntricos juntan recuerdos de difuntas estrellas del pop, antiguos tubos de escape, accesorios de máquinas de coser, bigotes de gato y cosas similares (sí, he conocido gente que colecciona estos objetos). Otro de los artículos favoritos son los adornos de animales, que tienen una gran popularidad en todo el mundo. La mayoría busca adornos de gatos, perros, ranas o patos, con variantes locales como canguros o koalas entre otros, elefantes, tigres y dragones para los de inclinación más oriental; esta búsqueda puede ser muy variada.

Tener algunos bonitos gatitos en la repisa de la chimenea es ciertamente agradable, pero estas colecciones se pueden descontrolar. Pronto hay adornos de gatos por todas las habitaciones, pinturas de gatos en cada pared, gatos en tus toallas, en tus camisetas, en tus cojines, en tu taza de café. En cierta ocasión estaba hablando de este tema en uno de mis seminarios en Irlanda. Al poco rato, una mujer que estaba sentada en la primera fila no pudo contenerse y estalló con una confesión pública: ella tenía más de 2.000 motivos de ranas en su casa. «¡Incluso la puerta principal es una talla enorme de una rana!», exclamó con tanta ternura que provocó que toda la audiencia riera histéricamente.

## Por qué la gente colecciona cosas

¿Por qué hacemos esto? Si miramos hacia atrás, vemos que algunas personas encuentran su atracción en lo que hayan escogido coleccionar durante su niñez. Para otros, fue un regalo que recibieron al que se sumaron los buenos amigos y familiares. Cualquiera que sea el motivo, cuando nos sentimos atraídos a coleccionar un particular tipo de cosas o incluso cuando «accidentalmente» terminamos con cierta colección, lo que de hecho estamos haciendo es responder a una necesidad intuitiva de tener un particular tipo de esencia de la que habemos menester para nuestro crecimiento personal. Es una específica frecuencia que necesitamos tener con nosotros en ese momento, y que es enteramente válida. Pero la vida es un constante cambio y movimiento, y realmente sólo necesitamos coleccionar esa esencia durante el tiempo que nos lleve integrarla espiritualmente a nuestra vida. Luego podemos y deberíamos buscar algo nuevo.

En los lugares donde la esencia animal está comprometida, los nativos americanos saben mucho de esto. Cada persona tenía su tótem animal, que era tanto de protección como una fuente de poder y sabiduría para ellos. Los miembros de una tribu a menudo escogían nombres como «Águila blanca», «Oso que baila», y así vivían en cercana afinidad con esa esencia durante toda su vida. Pero los tiempos han cambiado. En tiempos pasados, en Inglaterra llamarían a un hombre «Jack el Forjador» o «John el Pescador»* por sus oficios (que se abreviaron como Jack Smith o John Fisher); la velocidad a la que vivimos se ha incrementado tanto que el equivalente moderno sería algo así como «Ricardo el Programador convertido a Taxista convertido a Granjero orgánico convertido a Autor». La mayoría de la gente puede pretender tener varias profesiones durante la vida, y a veces diversos matrimonios o también varias relaciones primordiales. Es como si ahora estuviésemos viviendo muchas vidas en el espacio de una.

La razón de esto está en los mundos invisibles de la energía. Denise Linn se refiere a esto como el incremento del «índice del garabato», queriendo significar el índice en que la energía vibra. Cuanto más rápido se mueve, más alto podemos llegar en el espectro de las posibilidades humanas. ¡Por esto lo último que queremos es quedarnos atascados coleccionando ranas, cuando hay un mundo entero de nuevas y excitantes posibilidades que esperan ser aprovechadas!

## El hombre que hacía cerdos

Conocí a un hombre que se puso a hacer cerdos. Todo comenzó cuando su madre compró un cerdo de yeso en una tienda de trastos y le gustó tanto que hizo un molde y lo copió. Pronto progresó y de cerdos de yeso pasó a cerdos de porcelana pintados.

Luego alguien le sugirió que les pusiese alas para hacerlos más interesantes, y así nació el cerdo volador. Abrió una pretenciosa parada en el afamado Covent Garden de Lon-

* «Jack the Smith» or «John the Fisher».

dres y vendió cerdos voladores a cientos. Los hizo de diferentes tamaños y la gente los compraba en grupos para colgarlos en la pared. En Navidad hizo una superproducción de cerdos voladores. Reflexionando, dice que siempre había sentido, desde un principio, que había un propósito, alguna razón por la cual se sintió impulsado a hacerlos, pero le llevó dieciséis años descubrir lo que era, para que su pasión por los cerdos quedase al descubierto. Averiguó que el padre de su madre y que ambos abuelos de ésta habían tenido una charcutería. Calculó que, con el total de más de 32.000 cerdos que hizo, habría aproximadamente igualado el número de cerdos que sus ancestros podrían haber matado durante su vida. ¡Con la deuda kármica saldada, cerró su tienda y cambió a una nueva vida como experto del masaje shiatsu!

## La mujer pato

En la casa de una mujer en la que realicé una consulta de Feng Shui, conté más de cien patos, mientras me mostraba la casa. «¿Qué con los patos?», le interrogué, y sólo me encontré con una mirada vacía. «¿Qué patos?», me preguntó. Recorrimos la casa otra vez y cuando le señalé todos, quedó sorprendida. Estaban en el papel de su pared, bordados en sus cojines, decorando su lavabo, en la parte delantera de su bata de noche, en su mantel. Estaba la casa llena de patos, pero ella desconocía e incluso ignoraba la proliferación de patos existente. Lo que fue incluso más relevante era que cada pato era un pato solitario y la gran cuestión en su vida era que nunca se había casado. Resumiendo, hizo caso de mi consejo: tiró los patos y encontró marido.

## No seas un «Héctor el Recolector»

El arte de entender las colecciones es averiguar por qué las estás haciendo; aprende de ello y luego continúa. No te limites. Haz espacio para que algo nuevo entre en tu vida. No seas un «Héctor el Recolector» toda tu vida sin siquiera saber por qué.

Si son adornos de tipo animal lo que coleccionas, una buena forma de descubrir por qué te sientes tan atraído por el animal que has escogido, es mirarlo en un tarot animal, como las Cartas Medicinales (disponibles en librerías *new age*). Esto te hará entender la cualidad que estás inconscientemente queriendo atraer hacia ti. Puede llevarte un tiempo integrar esta información hasta el punto de que te sientas realmente preparado para desprenderte de tu colección y de continuar; e incluso después, tirar todos tus patos de una sola vez puede parecerte excesivo. Es importante que permitas que este proceso suceda naturalmente en lugar de forzarlo; así de manera gradual recortas tu bandada (o manada, etc.), según el grado de disponibilidad.

# 11

# Desorden de papeles

¿Qué pasa con el papel? ¿Por qué es tan atractivo? Se había predicado que la era de la electrónica reduciría las cantidades de papel en uso, pero, para sorpresa de todos, lo estamos utilizando más que nunca. Aquí tienes cómo tratar algunos de los espacios más complicados.

## Libros

Aferrarse a libros viejos es un problema muy común, especialmente para la gente con mente curiosa. Para muchos, los libros son como fieles compañeros. Siempre están allí para hacerte compañía cuando los necesitas, para impartir conocimiento, inspirarte, entretenerte y estimularte de muchas maneras diferentes.

Pero el problema de aferrarse a libros viejos es que no te permite crear espacio para que nuevas ideas y formas de pensar entren en tu vida. Tus libros representan simbólicamente tus ideas y creencias, pero cuando tienes demasiados en las estanterías de tu casa, te acomodas y generas una energía caduca igual que la de los viejos libros caducos de los que te rodeas.

A menudo cuando me llama para realizar una consulta una persona con un cierto nivel de formación, que está teniendo dificultades para encontrar pareja, encuentro que en la esquina de las relaciones de la casa o en la esquina de las relaciones de una habitación muy usada, hay una gran librería repleta de libros viejos. Sin tener ningún conocimiento del Feng Shui, colocan los libros en ese lugar porque «están bien» allí, ¡porque de hecho su relación principal es con los libros! Éste es el tipo de gente que tiene una pila de libros al costado de la cama para leer de noche, otra vez una relación sustituta. Con mover la librería o despejar algo las estanterías, se crea espacio para nuevos intereses y relaciones en sus vidas.

Tal vez tengas tantos libros que hayan desbordado tus estanterías y se hayan instalado en otros sitios. Se han acumulado en tu escritorio, en la mesita del café, cerca de tu sillón favorito o en el lavabo (véase el capítulo 17 por las consecuencias más profundas de esto).

Aprende a desprenderte de tus libros cuando sea el momento. Comienza con los libros de cocina que nunca has utilizado (¡no, no los abras para ver recetas!). Continúa con los libros de texto o de referencia que no has tocado en años, libros de niños para los que tú o los tuyos ya sois un poco mayores, novelas que no han sido lo suficientemente interesantes para comenzarlas o para terminarlas, libros con teorías con las que no estás de acuerdo. Sigue con los volúmenes que están en un lugar tan inaccesible que no los has tocado en décadas o que están tan viejos que se han desintegrado con el tiempo. También están aquellos libros que te inspiraron profundamente hace años, y cuyos conceptos ahora forman parte de ti de tal forma que ya no necesitas leer más esos libros. Apunta hacia una colección de libros que te represente cómo eres ahora y cómo tienes intención de ser mañana. Súmale algunos otros de referencia que utilizas con frecuencia; permítete el lujo de tener otros libros simplemente porque te encantan o te encanta tu relación con ellos y despréndete del resto.

Donar libros a la biblioteca local es una excelente solución si estás realmente preocupado por su destino final y crees que puedes añorarlos. Es muy reconfortante saber que si alguna vez los necesitas, puedes cogerlos otra vez por un cierto tiempo. Mientras, están siendo útiles para otros, en vez de cargar tus estanterías y tu vida. Lo interesante de donar libros a la biblioteca local es que la gente muy raramente los coge otra vez. Después de desprenderse de ellos, se produce un cambio en sus vidas y se olvidan de estos viejos tomos.

## Revistas, periódicos y recortes

En una de las casas que visité, existía una habitación entera repleta de revistas de aviones que habían estado esperando más de veinte años a ser ordenadas, a fin de que su dueño pudiera descubrir qué fascículos le faltaban para completar la colección. Cuando le pregunté qué haría una vez completada la colección, quedó sorprendido. Tuvo que pensar largo rato para recordar por qué las quería. Coleccionar se convirtió en el objetivo, más que utilizarlas por algún motivo. Cuando se permitió parar de coleccionarlas y simplemente se desprendió de ellas, me escribió para contarme qué gran alivio había sido llevarlas a la recicladora local y qué maravilla es tener una habitación extra en casa, así que ahora puede invitar a gente para que lo visiten.

El estudio de otra clienta había desaparecido bajo un mar de periódicos y revistas que estaba guardando hasta que tuviera tiempo para revisarlos por artículos. Había también tres grandes pilas de recortes al lado de su escritorio que estaban esperando ser ordenados y rellenados. Cuando le sugerí que podía tirarlo todo y darse la oportunidad de comenzar de nuevo, el pánico se instaló en su mirada como si esto pudiera tener consecuencias que ¡amenazaran su vida! Cuando nos tomamos un minuto de reflexión objetiva juntas, se dio cuenta de que estaba realmente asustada de tirar inadvertidamente algún artículo que fuese vital para su existencia. Esto es una variación del síndrome «esto puede ser útil algún día», que se basa en el miedo, más que en una vida llena de confianza de conseguir exactamente lo que necesitas en el momento que lo necesitas.

Es maravilloso querer seguir aprendiendo cada día de tu vida. Pero hoy día somos bombardeados con tanta información que necesitamos ser selectivos. Si quieres guardar recortes, crea un sistema de archivo y manténlo actualizado. Ordénalo periódicamente y libérate de la información que ya no es válida. Si tienes una pila de recortes esperando ser archivados, otórgate un período razonable de tiempo (digamos, hasta fin de mes) y si no los tienes archivados por entonces, archívalos en la papelera. Si has terminado con las revistas, no las acapares. Léelas y pásalas a hospitales, dentistas, residencias de la tercera edad, colegios y otras instituciones públicas donde puedan ser utilizadas; dáselas a familiares, amigos o colegas a los que les gusten, o simplemente recíclalas.

Animé a esta clienta a sentarse y hacer una lista de las muchas cosas que quería hacer en la vida y que no se permitía hacerlas por no haber terminado tareas como ésta. Esto le dio una completa nueva perspectiva con la cual revisar todas las tareas que se había impuesto a sí misma, y se volvió una decisión fácil para ella quedarse sólo con una pila reciente de revistas y tirar el resto. La próxima vez que la vi, el cambio era notable. La tristeza que había a su alrededor había desaparecido, así como las bolsas de debajo de sus ojos. Todo lo suyo se había vuelto muy animado y vivo. Parece que no había parado con los recortes de periódicos sino que había despejado el desorden de todo el estudio y después el de toda la casa. Había revitalizado totalmente su vida.

## Material sentimental

Algunas de las cartas más bonitas que he recibido son de queridos, adorables y dulces recolectores de este tipo de desorden. He aquí una de mis preferidas:

> *«Vivo en Sudáfrica y acabo de terminar de leer su maravilloso libro sobre crear lugares sagrados. Me gustaría encontrar una forma de agradecerle el espacio que me ha dado, el haber encontrado una forma de utilizar las energías en mi casa para incrementar al máximo mi diversión. Todo lo que escribió tocaba una cuerda dentro de mí, dándome cuenta de los pensamientos latentes que tenía sobre tantas cosas. Recientemente he tirado tantísimos trastos viejos que había recolectado durante los últimos treinta años, antiguas cartas de amor, antiguas fotos y otros fragmentos y trozos de papel que no sé siquiera por qué los tenía. Como consecuencia me siento muchísimo mejor. Más ligero en el mundo. He encontrado verdadera sabiduría y la bendigo por compartirla.»*

Esta categoría de desorden incluye: recuerdos de la boda, tarjetas de Navidad y de cumpleaños de hace mucho tiempo, postales de vacaciones de amigos, diarios personales del año de la pera, las obras maestras de tus hijos de hace veinte años, etc. Cuanto más mayor te haces, más cosas tienes. Casi nunca las miras pero te gusta saber que están allí.

¿Mi consejo? ¡Guarda lo mejor y tira el resto! Guarda las cosas que realmente quieras, las que tienen maravillosas asociaciones afectivas. Despréndete de las que estés guardando por algún sentido de culpa u obligación, o con las que tengas algún sentimiento ambivalente o de las que simplemente tienes demasiadas.

Una mujer que conocí tenía cajones y cajones llenos de tarjetas de Navidad y de cumpleaños que le habían enviado; me aseguró que tenían tanto valor sentimental para ella que nunca podría desprenderse de las tarjetas. Pero cuando se sentó y se puso a revisarlas, se entristeció cada vez más, quejándose de la felicidad de los tiempos pasados. Tomar la decisión de tirarlas y recomenzar su vida social marcó el inicio de su transformación de la persona solitaria en la que se había convertido a la persona socialmente activa que solía ser.

Si tienes grandes archivos sentimentales, un primer repaso no suele ser suficiente. Probablemente, necesitarás mejorar el proceso un poco más, repasándolos otra vez más adelante. Será un proceso constante que puede parecer duro al principio, pero que se hace más fácil cada vez que lo realizas.

## Fotos

¿Tienes cajones o álbumes repletos de fotos? Disfruta de ellas mientras sean actuales. Haz montajes llenos de color, cuélgalas en la pared, llévalas en la cartera, pégalas en tus carpetas, haz postales y envíaselas a tus amigos. Coge lo mejor de ellas mientras su energía es fresca y nueva. No guardes fotos que te recuerden los difíciles tiempos pasados. Quédate solamente con las que te hagan sentir bien y despréndete del resto. Despeja el espacio para algo nuevo y mejor en tu vida.

## DESPEJA TU ESCRITORIO

Si trabajas en casa o tienes una mesa que uses en casa, esta nueva sección es para ti. El primer paso es hacer una simple adición: calcula el porcentaje de espacio libre que puedes ver en el escritorio. No hagas trampas y ordenes el escritorio antes de hacer esto. Déjalo exactamente como está para tener una apreciación honesta de la situación.

Bien, yo veo cientos de escritorios al año en mis visitas, tanto en el trabajo como en casas privadas, y hay una cosa que la mayoría tienen en común: no hay espacio real donde una persona pueda trabajar. Generalmente hay un espacio superreducido, sólo se ha dejado libre el tamaño de un folio y todo el resto está ocupado o bien con equipos electrónicos o con pilas de papel esperando ser atendidas.

¡Despeja tu escritorio! Hay un libro maravilloso de Declan Tracy con ese título exactamente y describe en él los escritorios de algunos de los hombres de negocios con más éxito del mundo; todos mantienen los papeles de trabajo al mínimo. Un escritorio despejado significa una mente despejada y una mente despejada tiene visión y perspectiva. Si estás atascado entre papeles, ése es el lugar exacto donde te quedarás.

Trabajar en un escritorio despejado incrementa la productividad, creatividad y la satisfacción laboral. Un excelente hábito a adquirir es dejar siempre el escritorio despejado una vez acabas de trabajar. Es psicológicamente mucho más estimulante comenzar a trabajar con un escritorio despejado, que con uno lleno de montones de papel (te hacen sentir derrotado antes de comenzar).

Empieza ahora por quitar de tu escritorio absolutamente todos los papeles que están pendientes de tu atención y todos los objetos que no son absolutamente vitales. Hablo aquí de los que son en realidad esenciales, como un ordenador, un teléfono, un bolígrafo, una libreta. Guarda otro equipamiento extraño como grapadora, maquinilla de hacer agujeros, clips, peluches, bolsas de chucherías, etc., y ponlo todo en un estante cercano o en el cajón de tu escritorio.

## ¡Despeja tu disco!

El desorden electrónico es tan problemático como el del tipo más tangible. Mejor que esperar a que tu disco duro esté completo es empezar a descartar programas y documentos que ya no necesitas, limpiar un poco cada día antes de cerrar tu computadora. Revisa tus archivos y borra los antiguos que suelen estar entorpeciendo tu disco duro o cópialos en un ordenado sistema de disquetes. Reorganiza tu sistema de archivos dentro del ordenador si es necesario.

## COGER EL CONTROL DE LOS PAPELES DE TRABAJO

He aquí algunos consejos para ayudarte en la tarea.

- Coge el hábito de tirar (o reciclar) tanto papel de trabajo superfluo como te sea posible y lo más frecuentemente que puedas.

- Nunca te apuntes los mensajes en trozos de papel sueltos que puedas perder. Guárdalo todo en una libreta y transcribe la información importante periódicamente a tus archivos u ordenador.
- Utiliza tu tablón de anuncios sólo con cosas actuales. Si quieres recordar algo que tienes que hacer, ponlo en tu agenda o en un calendario. ¡Los «post-its» desordenan tu mente y eres más propenso a olvidarte de las cosas! Muchas de las notas para recordarte cosas disipan tu energía.
- Actualiza tus papeles de finanzas y manténlos de esa manera. Es mucho más probable que crees prosperidad en tu vida si te conciencias más en tratarla. Establece sistemas para pagar tu cuentas a tiempo, archiva las cosas donde puedas encontrarlas y adora el hecho de que cada cuenta que recibas signifique que aún tienes crédito. Cuando aprendas a pagar lo que debes con la misma alegría con la que recibes lo que te deben, descubrirás cómo divertirte con este juego del dinero que nosotros los humanos hemos creado para nosotros mismos, en lugar de estresarte con él.
- Cuando recibas una carta, escribe la respuesta al final de la misma página o en el margen y envíala. De esta forma el papel no está desordenado en tu oficina, te habrás ahorrado el tiempo y el dinero de teclear una respuesta o hacerla teclear; puedes hacerlo inmediatamente en lugar de postergarla durante una semana y la persona sabrá así que ha recibido tu inmediata atención personal.

# 12

# Desorden diverso

E l desorden ciertamente se muestra de muchas formas y tamaños. He aquí algunos artículos a menudo escondidos en los rincones y los armarios de muchas casas.

## Cosas que no utilizas más

- Artículos de ocio viejos (como aquellos juegos que no le gustan a nadie, artículos de deporte que ya nadie practica, pasatiempos que ya no te interesan, juguetes que tus hijos no utilizan por ser mayores, etc.).
- Equipos de música que nunca más utilizarás (como altavoces de un equipo que ya no usas).
- El equipo de mantenimiento físico que compraste escrupulosamente y que nunca utilizaste después del entusiasmo inicial.
- Artículos de salud y belleza que en su día usaste (rulos de pelo que se calientan, aparatos para masajear los pies, etc.).

- Ropa que ya no puedes ponerte.
- Gafas con antiguas graduaciones (diversas organizaciones benéficas pueden sacarles provecho).
- Aparatos que compraste para hacer tu vida más fácil, que en realidad son muy complicados de usar.
- Equipamiento de jardín (cortadoras de césped herrumbrosas, mobiliario de jardín, viejos potes para plantas).
- Accesorios de coche (baca, viejos neumáticos, recambios diversos).

Y así sucesivamente. No puedo siquiera comenzar a describir la lista de extraños y curiosos objetos que suelen tenerse en las casas y en los jardines. Puedes pasar un buen rato observando los tuyos propios.

Si estás particularmente aferrado a objetos que datan de tu más tierna infancia, he aquí algo que puedes hacer (mucha gente lo ha encontrado especialmente liberador): sácales una foto y despréndete de ellos. Las fotos retendrán aquellas cálidas imágenes para siempre y puedes guardarlas en un pequeño espacio, en comparación con el espacio que ocuparían los mismos objetos.

## Regalos que no te gustan

Éste puede ser un asunto de una especial sensibilidad para mucha gente. De todas formas, he aquí el mejor de mis consejos sobre qué hacer con los regalos que no queremos: libérate de ellos. He aquí el porqué. Las cosas que realmente quieres tienen a su alrededor un campo de energía fuerte y vibrante, mientras que los regalos que no quieres tienen una energía conflictiva y difícil que te producen más agotamiento, en lugar de proporcionarte energía vital. De hecho crean, en tu casa, un campo energético de pesimismo.

Para mucha gente, el simple hecho de pensar en tirarlos les produce una sensación horripilante. «Pero ¿qué pasará cuando venga a visitarnos la tía Jane y ese adorno tan caro que nos regaló no esté a la vista, justo en la repisa de la chimenea?» De todas maneras, ¿de quién es la repisa de la chimenea? Si te gusta el adorno, bien, pero si lo guardas en casa por miedo o por obligación, desperdicias tu poder. Cada vez que entras en esa habitación y ves el objeto, tu nivel de energía disminuye.

Y no pienses que solamente ese «fuera de la vista», «fuera del pensamiento» funcionará. No puedes guardar ese adorno en el armario y sólo sacarlo en vísperas de la visita de la tía Jane. Tu subconsciente aún sabe que está en la casa. Si tienes una cantidad apreciable de estos regalos que no quieres que estén en tu entorno, tu red de energía se tapona como un escurridor, y tu vitalidad se desparrama por todos lados.

Recuerda que lo importante son los pensamientos. Puedes apreciar que te hayan dado un regalo, sin que necesariamente debas quedártelo. Trata de adoptar una filosofía diferente con los regalos. Cuando le das algo a alguien, dáselo con amor y despréndete de ello. Permítele la libertad para el que lo reciba: que haga lo que quiera con él. Si lo que considera apropiado es desprenderse directamente de dicho regalo, tirándolo a la papelera o regalándoselo a otra persona, bien, no tengas ningún problema (no querrás que desordene su espacio con regalos que no quiere, ¿no es así?). Dales esta libertad a otras personas y tu vida comenzará a experimentar mucha más libertad.

## Cosas que no te gustan

Éstas son las cosas que tú mismo compraste, pero que nunca te gustaron realmente. Por lo general, las guardas hasta tener tiempo o dinero para comprar algo mejor.

Te pondré un ejemplo. Nunca me gustó demasiado planchar. Tenía una buena plancha pero nunca me inspiró ni un ápice querer utilizarla. Me pasé a tallas grandes para asegurarme que casi nunca usaría nada que necesitara plancharse. Un día, mientras estaba en casa de unos amigos, descubrí lo que solamente puedo describir como «la emperatriz de las planchas». De verdad, cuesta el doble que la que tengo abandonada en casa, pero qué divertida es utilizarla. Me llevó a descubrir una nueva dimensión del planchado, algo que nunca supe que existía. Cuando llegué a casa, salí y fui directamente a comprarme una, después me pasé toda la tarde tranquilamente planchando todo las prendas del armario. Por primera vez en mi vida, experimenté el planchar como un placer.

No dejes de darte segundas oportunidades. Cuando te las das a ti mismo lo mejor que puedes, esa señal sale y atraerá lo mejor en otros espacios de tu vida. Si estás peleando financieramente y sólo estás «pasando» con la mayoría de las cosas que tienes, quiérelas, agradece lo que tienes e intenta crear pronto los medios para reemplazarlos por cosas que te inspiren más. La mayoría de la gente queda sorprendida de lo rápido que esto es posible una vez se lo proponen.

## Cosas que necesitan arreglo

Las cosas que necesitan arreglo empobrecen tu energía. Esto es así porque energéticamente todo lo que posees está bajo tu manto de cuidado y protección. Puedes convenientemente no hacer nada al respecto, pero tu subconsciente le sigue la pista y cada vez que ves el objeto o uno parecido que te lo recuerda, tu energía disminuye.

Supón que tienes una silla con una pata rota. Tú llevas un cierto tiempo ignorándola; en cuanto entras en la habitación, conscientemente no la ves, pero tus ojos «sí» la ven, tu subconsciente «aún» la registra, y tu cuerpo nunca falla al reaccionar energéticamente. Cuando te prometes a ti mismo que repararás algo y luego no lo haces, tu cuerpo pierde poder y vitalidad.

Una mujer que conozco vive en una gran casa en donde casi todo su mobiliario necesita algún tipo de reparación. Vive de un pequeño ingreso, que le proporciona la manutención de un niño, pero ella es una mujer con recursos y capaz; podría perfectamente arreglar las cosas si se lo propusiera. La falta de cuidado y respeto que tiene por su casa; refleja la falta de cuidado y respeto que tiene por ella misma. Cuando te preocupas por tu casa cuidándola, también te estás queriendo y respetando a ti mismo.

Piensa en arreglar y en mejorar cosas de tu casa como una inversión en ti mismo. Y si hay algo que no puedes arreglar, entonces libérate de ello encuéntrale un nuevo hogar con alguien que lo quiera y que esté deseando repararlo.

## Problema doble

Una vez hice una consulta a una mujer soltera adicta al desorden cuyos padres, aún más adictos al desorden, habían muerto y le habían dejado todo lo que tenían en su casa. Así que tenía dos teteras, dos cuberterías, dos vajillas, todos sus objetos y pertenencias a pares, amontonados en su casa. De hecho tenía hasta tres y cuatro unidades de cada objeto. Simplemente, no había lugar. De todas formas, no era capaz de desprenderse de nada, porque la mayoría de los objetos aún tenían vida útil. Su casa se atascó energéticamente de tal forma que era literalmente difícil respirar allí y toda su vida se encontraba detenida mientras continuaba la ardua tarea de sortear los artículos de los cajones y pertenencias personales.

Revisa tus armarios y cuenta cuántos objetos de cada tipo estás guardando. Si tienes espacio, bien, pero si no, es el momento de iniciar la limpieza.

## Desorden heredado

Quienquiera que te haya donado esos objetos está ahora en espíritu, lugar donde no hay ataduras en lo material y el desorden es inexistente. Ellos entenderían tu necesidad de desprenderte de esas cosas. Si no las quieres o ya no son útiles, deja que ahora otra persona las herede de ti.

## Objetos misteriosos

Todo el mundo posee unos cuantos objetos de este tipo, especialmente guardados en el cajón de los trastos. Esta categoría incluye piezas extrañas que has guardado durante años, soportes de pared para aquella repisa que nunca montarás o de la que simplemente te has desprendido, extraños taquitos y cositas de goma que se cayeron de alguno de tus objetos, pero desconoces absolutamente de cuál de ellos. Todos esos objetos son los primeros candidatos para el despeje del desorden.

## Cajas

Nunca olvidaré la mirada de sorpresa que se manifestó en la cara del señor de la mudanza, cuando se agachó para recoger una de mis grandes cajas. Él esperaba que pesara mucho, tanto como todas las otras cajas, las que había estado levantando a lo largo de toda la mañana y cargando sobre su espalda. ¡Esto ocurrió en los tiempos en que yo todavía era una acaparadora secreta de cajas vacías!

Mi signo zodiacal es cáncer y nosotros los cangrejos encontramos las cajas inmensamente gratificantes y tranquilizadoras. ¡A menudo me gusta más la caja en la que viene un regalo que el regalo mismo! Pero ésta puede ser una pasión que consume mucho espacio; en términos del Feng Shui Bagua, no es exactamente energizante tener energía «vacía» en alguna parte de tu casa. Ahora limito estrictamente el número de cajas que tengo y me aseguro de darle un buen uso a la mayoría de ellas en vez de tenerlas inútilmente vacías y esparcidas por la casa.

Cuando compras un nuevo objeto, guarda la caja durante el período de garantía y luego tírala. No guardes la caja indefinidamente «por si acaso» te mudas de casa y la necesitas para empaquetar. Si en algún momento de tu vida decides cambiar de casa, es mucho más sencillo empaquetar en las cajas que te proporcionan las empresas de mudanzas. Otro consejo útil: si por algún motivo tienes que guardar cajas, sencillamente desármalas y guárdalas planas. Ocupan mucho menos espacio y de esta forma no tienen esa indeseada energía «vacía».

# 13

# Las grandes cosas

Mientras despejas tu desorden, no olvides los GRAN-DES trastos: ese horrible y viejo aparador que siempre odiaste, el piano que estorba en el comedor, la cama de agua que nunca usas, el coche que se oxida en el jardín, la vieja prensa de queso suiza que lleva más de veinte años acumulando polvo en la esquina.

Algunas de estas cosas son muy grandes y moverlas supone un gran desafío; instintivamente aprendes el arte de ver a través de ellas, como si no existieran. Puedes incluso hacer esto indefinidamente pero, te guste o no, cuanto más grandes son, más obstruyen tu flujo de energía y más importante es retirarlas de tu casa. Y es incluso más importante si su simbolismo está impidiendo activamente tu progreso en la vida. Un coche oxidado en el espacio de la prosperidad de tu jardín, seguro que afecta tus finanzas; una planta estropeada en el espacio de tu carrera te hará sentir cansado y letárgico en tu trabajo o en tu vida; muebles inútiles en cualquier área de tu bagua crearán obstáculos en esa área de tu vida; etc.

Es posible que no hayas acumulado excesivos trastos grandes; quizás tu casa sea simplemente demasiado pequeña para acomodar lo que has querido poner en ella. Esto ocurre a menudo cuando te mudas de una casa grande a una más pequeña y has intentado trasladar todos tus muebles. O tal vez has aceptado que te regalen muebles o has juntado un montón de cosas que guardas para cuando algún día te mudes a un lugar más grande. En estos casos, necesitas pensar de forma realista y debes realizar un ajuste práctico. Cuando tu casa está tan llena de cosas, y virtualmente no tienes espacio para la gente, sientes que la vida te empuja a tomar una decisión trascendente. Despejar algunos espacios te permitirá que las nuevas oportunidades florezcan repentinamente.

Siéntate con la sección de anuncios del periódico, o si quieres con las *Páginas amarillas*, y probablemente encontrarás a alguien que esté encantado de venir a tu casa y llevarse todos esos enormes trastos; incluso es posible que te abone algún dinero por esos muebles inútiles que incordian tu vida. Al mismo tiempo te ahorrarás pagar al ayuntamiento el pertinente importe para desprenderte de ellos; no tendrás la necesidad de llamar a tus amigos y familiares para que te ayuden a desmantelarlos y tirarlos.

¡Una vez te hayas desprendido de ellos, te sentirás encantado con el nuevo espacio que has conquistado y te preguntarás cómo has podido vivir tantos años con ellos!

# 14

# El desorden de otra gente

P uedes tomarte muchas libertades con tu familia, amigos y colegas, pero ¡atrévete a poner un dedo en su desorden y verás! Una de las preguntas que me hacen con más frecuencia es qué hacer con el desorden de otra gente, especialmente el desorden de la gente con la que convives.

## DESORDEN ACUMULADO
## POR UN COMPAÑERO

El simple hecho de discutir con un compañero por el desorden que él mismo crea, puede traer rápidamente a la superficie asuntos que han estado largo tiempo larvados en vuestra relación. Regañar, discutir, amenazar y emitir ultimátums sólo consigue que los adictos al desorden se tornen incluso más y más transgresores. Y NUNCA, NUNCA, JAMÁS se te ocurra despejar su desorden, a no ser que te lo hayan pedido específicamente. La gente tiene profundos lazos emocionales con su basura y puede disgustarse o enfadarse mucho si alguien se mete con ella.

Comprende que nunca podrás cambiar a nadie. La única persona a la que puedes cambiar es a ti mismo. Durante todos los años que he estado enseñando esta materia, hay sólo dos remedios que son firmemente efectivos tratándose del desorden de otras personas. Son los siguientes:

## Educación

La gente tiene realmente que entender los inconvenientes del desorden, premisa inicial si es que están dispuestos a poner algún tipo de remedio a ese desorden. Éste es el motivo por el cual la misma gente vuelve meses después a mis seminarios arrastrando a un compañero, para que éste escuche lo que suelo decir. ¡Parte de la razón por la que he escrito este libro es para llegar a un número mayor de estos compañeros, sin que tengan que ser arrastrados a mis seminarios!

## Predicando con el ejemplo

He escuchado de un número significativo de personas que tan pronto comenzaron a despejar su propio desorden, los miembros de su familia y amigos íntimos, sin ellos decirles nada, de pronto comenzaron a hacer lo mismo. Muchas veces no hay comunicación verbal entre ellos. De alguna forma el mensaje pasa a la gente que está en una frecuencia próxima, incluso si viven a una cierta distancia.

Una mujer me contó una historia memorable. Había leído mi libro y empezó entusiasmada a despejar el desorden de su casa. El proceso le llevó casi dos semanas. Durante este tiempo, su abuelo, con quien no tenía contacto desde hacía tiempo y que vivía a más de doscientas millas, sorprendió a la familia entera con una inesperada limpieza de trastos acumulados desde hacía más de cuarenta años en el cobertizo de su jardín.

Otra mujer cursó un seminario de fin de semana conmigo en Londres. Mientras ella estaba en el taller cogiendo información sobre despejar el desorden, su marido espontáneamente decidió hacer una limpieza general y se pasó todo el día acarreando grandes cargas de desorden hacia el vertedero.

Gemma Massey, que es la primera experta en despejar el espacio que yo formé, me dio una vez una maravillosa visión sobre los objetos de desorden entre compañeros. Ella vive naturalmente una vida muy ordenada y libre de desorden, pero el escritorio siempre desordenado de su marido comenzó realmente a molestarle. Sabía que, tal como estaba en su vida, debía de existir alguna manera de estar reflejando una parte de sí misma, pero así y todo no podía darse cuenta de cómo podía ser. De pronto, un día descubrió el porqué. Se dio cuenta de que su marido, aunque desordenado en su exterior, era muy ordenado y organizado en su interior; ella, en cambio, era ordenada en lo exterior pero no tan ordenada en lo interior. Y entonces, ¿qué pasaba? ¡Enseguida después de comprenderlo y comenzar rápidamente a organizar su interior, su marido espontáneamente decidió que ya era hora de ordenar su escritorio y mantenerlo así!

## DESORDEN DE LOS NIÑOS

¿De dónde viene? El desorden de los niños parece reproducirse y va ocupando el espacio a una alarmante velocidad si no está comprobado y controlado.

Una de las cosas más importantes a infundir en un niño es la confianza. Cuando un niño se siente querido, seguro y contento, no tiene tanta dependencia hacia las «cosas». Poténcialo, concienciándolo sobre el orden a una temprana edad; así en un futuro no se volverá adicto al desorden.

Comienza por enseñar a tus hijos a ordenar las cosas por ellos mismos. Cuando tengan un juguete nuevo, decidid juntos dónde estará su lugar; así sabrán exactamente dónde guardarlo cuando tengan que dedicarse a ordenar. Periódicamente hacedles tomar decisiones sobre los juguetes; cuando tengan demasiados deben aprender a decidir con cuáles quieren quedarse y cuáles deben regalar. Debes dejar que sean ellos los que tomen la decisión final. Algo que a ti te puede parecer que ha muerto y se ha ido al cielo, puede aún tener una gran importancia y años de utilidad para tu hijo.

Si tus hijos parecen indomables, recuerda que todos los niños actúan como el subconsciente de sus padres; así que si te encuentras repetidas veces regañándolos, obtendrás mejores resultados si primero resuelves tus asuntos de desorden.

## Adolescentes y desorden

Con todas esas hormonas recorriéndoles su cuerpo, es comprensible que mantener sus habitaciones limpias o sin desorden no ocupa exactamente un lugar de privilegio en la lista de prioridades de los adolescentes. A no ser que ya estén acostumbrados a vivir sin desorden desde pequeños, probablemente sientan que pueden enfrentarse al que tienen. El desorden del adolescente y el caos son normalmente sus inquietudes internas mostrándose en el exterior.

Una vez aparecí en un programa de música de la MTV, contestando preguntas realizadas por jóvenes sobre cómo utilizar el Feng Shui en sus vidas. Los tres principales temas en los que necesitaban ayuda resultaron ser superar exámenes, hacer amigos y sacar a sus padres de sus espacios. La mayoría de los adolescentes sienten la necesidad de privacidad emocional y física en mayor o menor grado y los padres tienen que respetar esto, así como los adolescentes tienen que respetar los espacios de sus padres. De todas formas, es razonable llegar a un acuerdo. El desorden del adolescente y el caos deben estar por lo menos confinados a determinadas habitaciones y que éstas sean ordenadas y limpiadas regularmente.

## Desorden que pertenece a otros

A veces la gente parece no tener suficiente con su propio desorden y acepta cuidar cosas de amigos, vecinos o parientes. «Por favor, cuídame el sofá mientras estoy en Nueva Zelanda.» ¡Dos años después todavía estarás esperando a que tu amigo vuelva y el sofá habrá comenzado a echar raíces!

Piénsalo cuidadosamente antes de aceptar desordenar tu propio espacio, y si decides hacerlo por lo menos pon un límite temporal: «Muy bien, te cuidaré el sofá, pero si no estás de vuelta dentro de determinados meses, lo utilizaré como leña para la calefacción». Haz un claro acuerdo de lo que pasará con el sofá y de esta forma la amistad no se deteriorará, si las cosas no van de acuerdo a lo planeado.

Una amiga australiana me contó recientemente cómo almacenó sus pertenencias durante los años que vivió en el extranjero. Pagó 700 U$ por tenerlas durante este período de tiempo y sacó 60 U$ por todo el lote cuando lo vendió. Te-

niendo en cuenta que la mayoría de las cosas que la gente nos pide que le cuidemos no vale ni lo que cuesta la
caja en la que están, es mucho más fácil no sentirse tan
mal por rechazar sus peticiones de un lugar donde alma-
cenarlas.

# 15

# El desorden y la simbología Feng Shui

U no de los grandes incentivos para liberarse del desorden es comprender que guardar cosas no te está haciendo ningún bien. Hay dos formas en que la simbología de la casa te puede afectar. La primera tiene que ver con las asociaciones personales que tienes con algo y la segunda tiene que ver con la frecuencia que emite el mismo objeto.

## Asociaciones personales

Si tienes cosas en tu casa que tienen asociaciones desafortunadas para ti, no importa si todavía les quedan años de vida útil: están desordenando tu espacio y tu psique.

Una vez tuve un novio que pateaba las cosas cuando estaba de mal humor y un día mi radiocasete portátil recibió una patada. La relación no duró mucho, pero yo guardé mi radiocasete. Cada vez que veía la parte de encima dañada, recordaba el incidente que lo causó, pero lo guardé porque funcionaba perfectamente. Esto continuó durante casi un año, hasta que un día miré el radiocasete, evoqué el incidente y decidí que no quería recordarlo más. Me di cuenta de que había quedado simbólicamente asociado en mi mente con el desilusionante comportamiento del hombre.

Salí apresuradamente, me compré un radiocasete nuevo y le regalé el viejo a una amiga que lo necesitaba. Estaba contentísima. No tenía ni idea de que le faltaba un trocito de plástico en la parte superior y no le importaba para nada, porque más vale un radiocasete con una pequeña imperfección que nada. Para mí, sin embargo, la asociación negativa que tenía con él causaba que mi energía se hundiese cada vez que lo veía y fue un gran alivio liberarme de él.

## Asociaciones anticuadas

A veces las asociaciones personales no son negativas, están simplemente anticuadas. Por ejemplo, cuando me llama para hacer una consulta una persona que quiere iniciar una nueva relación, recorro su casa y a menudo descubro muchos regalos que todavía le recordaban la relación anterior, de la que aún no se había desprendido del todo. Tanto si son conscientes de la asociación como si no, la energía está constantemente atada al pasado y esto hace muy difícil crear algo nuevo.

Si, digamos, el 50% de tus muebles y pertenencias está asociado a un momento de tu vida del que quieres desprenderte, entonces el 50% de tu energía está más atada al pasado que disponible para el presente. Prueba lo que quieras pero el progreso será lento. Igual que si tienes la casa llena de muebles, adornos u otros objetos que te recuerdan constantemente a tus familiares o amigos con los que tienes o has tenido una relación difícil, estas asociaciones tendrán un efecto igualmente empobrecedor.

Esto también explica por qué te debes a ti mismo el comenzar cualquier relación importante en un lugar donde ninguno de los dos hayáis vivido antes; las posibilidades están en tu contra si vives en un lugar donde tú o la otra persona tenéis antiguas asociaciones.

Un entero y profundo despeje del espacio (véanse «Los veintiún pasos para el despeje del espacio básico» al final del libro) limpiará las antiguas vibraciones de tus pertenencias, pero nada puede hacer al respecto de las asociaciones mentales y emocionales que te provocan cuando ves las cosas. Una forma de tratar esto es dedicar tiempo y energía para forjar nuevas conexiones, más fuertes, más felices y más positivas, hasta llegar al punto de desconectar completamente de las antiguas asociaciones. ¡Una mujer que conozco pintó todo su mobiliario victoriano que heredó de su abuela de color azul brillante y amarillo para combinarlo con el resto de la decoración, y ése fue el truco! Mientras pintaba, les infundió activamente a los muebles todo el amor y alegría que pudo reunir y desde entonces, cada vez que los mira, esta asociación es cada vez más fuerte para ella.

La otra forma de hacerlo es tirarlo todo y comenzar otra vez; yo lo he hecho dos veces en mi vida. En ambas tuve mucho miedo; aun así, fue una experiencia refrescante y regenerativa, un verdadero punto de inflexión en mi vida. Tenía necesidad de hacerlo, pero la mayoría de la gente no necesita ser tan radical. Procura reemplazar gradualmente los objetos con los que tengas una asociación improductiva, cuando te sea posible.

# Frecuencias

Hace algún tiempo que tengo la habilidad de ponerme frente a un cuadro y sentir sus efectos. Recientemente, encontré un libro llamado *Life Energy and the Emotions*, de John Diamond, ¡en el cual me explica cómo soy capaz de realizar este proceso! Por ejemplo, él muestra una foto poco usual de Winston Churchill con una expresión particular en la cara y un pie de foto que dice: «A mucha gente se le removerá el hígado cuando mire esta foto». Otra foto de otra persona dice: «A mucha gente se le removerá el corazón cuando mire esta foto», etc. Ha sacado los estados emocionales positivos y negativos asociados con cada canal energético de nuestro cuerpo.

La medicina china nos enseña que tenemos doce pares de meridianos por los cuales la energía recorre nuestro cuerpo y la acupuntura está basada en armonizar y reequilibrar el flujo de energía en esos meridianos para revitalizar los órganos relevantes con los que están conectados. La investigación de John Diamond concluye que estos canales de energía, y así nuestro estado general de salud, están muy influenciados por los estados emocionales positivos o negativos. El hígado se debilita si te sientes infeliz y se fortalece cuando cambias y te sientes alegre; el meridiano del corazón se debilita con el enfado y se fortalece con el amor y la clemencia; el bazo se debilita con la ansiedad sobre el futuro y se fortalece con una actitud de confianza, etc. Es un estudio fascinante y el libro merece la pena leerlo.

Pero lo que realmente me enganchó fue su aplicación al Feng Shui. Son muchas las consultas a las que he asistido y en las que me he encontrado en un lugar prominente de la casa un cuadro, una foto, una pintura, un cartel, una estatua, un adorno u otro objeto que están emitiendo una frecuencia totalmente contraproducente para todo lo que el cliente me dijo que en realidad deseaba. Una mujer poseía un autorretrato pintado muy grande y triste, con colores sombríos, ubicado en el lugar privilegiado de su sala de estar, cerca de la puerta que daba a la cocina. Debía de ver ese retrato cientos de veces al día y supe inmediatamente por la forma en que me a mí afectó que debía sentirse deprimida. Pero le había costado tanto dinero que era reticente a deshacerse de él, así que la convencí para que por lo menos lo quitase un mes y comprobase cómo se sentía. Quedó sorprendida de la espectacular mejoría que experimentó al retirarlo y nunca más lo volvió a colgar.

Mis fotos en la contracubierta de este libro y del primero incrementarán tu energía cuando las mires. Fueron hechas especialmente con este propósito y las reacciones que he obtenido de gentes de diferentes culturas, religiones y entornos sociales así lo confirman. Todos me dicen: «Sólo miré tu foto y supe que quería saber más acerca de lo que haces». Este tipo de simbología Feng Shui es universal en su aplicación.

## Acondicionar tu casa para el efecto simbólico

Ahora necesitas recorrer toda tu casa, mirar todas tus pertenencias y preguntarte: ¿Cuál es su representación simbólica? ¿Cómo me está afectando energéticamente? ¿Crea el efecto que quiero o podría mejorarlo?

Comienza por escoger cosas que disminuyen tu energía, tales como el predominio de cosas que cuelgan (plantas, adornos, etc.). Esto es particularmente importante si tienes habitaciones de techos bajos, donde la energía está comprimida, incluso antes de iniciar el proceso.

Lo que viene a continuación es muy importante. ¿Tienes colgadas las cosas en solitario, a pares o en grupos? Si tus adornos están solos, la vida tenderá a brindarte experiencias solitarias. Si prefieres estar en pareja, cambia la energía de tu casa colocando los objetos por parejas. La gente felizmente casada compra naturalmente dos unidades de cada objeto, ya que intuitivamente les parece lo correcto (¡pregúntale a quien quieras y verás!). Al principio te sentirás extraño haciendo esto porque estás acostumbrado a estar solo. Necesitarás hacer este ejercicio, hasta que lo sientas de forma natural; esto creará el cambio que buscas en tu propio campo de energía.

Luego mira la simbología de tu casa en el contexto del Feng Shui Bagua. Comprueba que cada espacio de tu casa y que cada espacio de cada una de las habitaciones de tu casa tengan la simbología apropiada y que ésta apoye lo que tú quieres hacer con tu vida.

Recuerdo a una clienta que me contó que estaba siempre discutiendo con su jefe y en el pasillo de su casa había un gran óleo de una batalla. Otra mujer se dio cuenta de que el rincón de la prosperidad de su dormitorio estaba muy vacío, así que salió y compró el ramo de flores más grande que encontró para ubicarlo en ese lugar. Su marido llegó a casa horas más tarde y por primera vez en sus veinte años de matrimonio le dio espontáneamente un regalo de mil libras para que se las gastase en lo que ella deseara.

Comienza a mirar todo lo que hay en tu casa y pregúntate qué simboliza para ti y qué te hace sentir. La explicación detallada de cómo despejar el desorden, que aparece en el próximo capítulo, te ayudará a revisar tus pertenencias con mucha más facilidad.

Tercera parte

# Despejar
# el desorden

# 16

# Cómo despejar tu desorden

He aquí tres formas probadas y contrastadas de cómo tratar tu desorden:

1. **El método «Deja que la naturaleza siga su curso» (también conocido como la técnica de «Dejar de tomar decisiones»).** Pon los objetos en un lugar donde se desintegren hasta el punto de que no quieras guardarlos más. Un hombre que conocí y que estaba de vacaciones en Bali me confió: «Despejé un montón de desorden y puse el resto en un cobertizo abierto. Espero que para cuando vuelva a casa esté tan deteriorado que tenga que tirarlo».

2. **El método de «Esperar hasta morir y que tu familia se encargue de despejarlo».** Éste ha sido el método favorito y más utilizado a través de los siglos. ¡Incluso puedes dejar un testamento diciéndole a la gente qué hacer exactamente con el desorden!

3. **Asumir la responsabilidad de las cosas y despejarlas tú mismo.** Éste es el método que recomiendo, el que yo creo que es el más apropiado. ¡Te da mucho más poder, tiene mucho mejor karma y te permite continuar con tu vida inmediatamente, en vez de esperar que tú mismo o el desorden expiren!

## COMENZAR

Sin duda es la parte más difícil, sobreponerte con contundencia a la inercia, para más tarde comenzar con nuevas energías. Una vez hayas comenzado, el mismo proceso desprende la suficiente energía para permitirte continuar. Toda la energía estancada que está bloqueada en tu desorden se libera para que la puedas usar de forma mucho más positiva. Y cuanto más despejas el desorden, más fácil se hace, ya que has descubierto que lo haces muy bien; posteriormente te sientes muchísimo mejor y sabes los beneficios que a continuación obtendrás.

Mi gran regla práctica es que en general, si tuviera que mudarme mañana, acabaría con más de una o dos bolsas de basura llenas de cosas para tirar; de hecho, tengo que hacer una limpieza *ahora mismo*. Vivo así porque la vida me va mucho mejor. No es una disciplina que tenga que seguir, tiene tanto sentido para mí que no quisiera vivir de otra manera. Y es algo de lo que soy una auténtica fanática, sólo le dedico un poco de tiempo de forma coherente para que todo esté manejable.

Así que aquí tienes algunas indicaciones para comenzar la Gran Limpieza del Desorden.

## Hacerlo rápido o despacio

La gente tiene diferentes cantidades y tipos de desorden, sin mencionar los diferentes niveles de deseo por desprenderse de él. He observado que todos se aproximan al despeje del desorden de una de estas dos formas. Una clase de personas leerán este libro, cancelarán todos sus compromisos y se pondrán a limpiar rápidamente su casa, como un tornado, ordenando con alegría; la otra clase lo hace por etapas.

Si simplemente necesitas más tiempo, acéptalo. Puede que estés muy ocupado, muy estresado o demasiado agobiado por la cantidad de desorden acumulado a la vez. Ve progresando a tu propia velocidad, cualquiera que sea ésta y hazlo lentamente y cuando te sientas capaz. De todas maneras, recuerda esto:

**Si estás ocupado,** ¡recuerda que de alguna forma TIENES que encontrar tiempo para adquirir desorden, así PUEDES buscar el momento de liberarte de él!

**Si estás estresado,** descubre que despejar el desorden es una de las mejores terapias que hay para las preocupaciones, el estrés y la ansiedad.

**Si te sientes agobiado,** no lo estarías si sigues estos pasos tan fáciles que ya han ayudado a cientos de personas a aligerar su carga, entre ellas muchos adictos al desorden, más radicales que tú.

## El mejor momento para despejar el desorden

Cualquier momento es bueno. Desde la óptica de que la mayoría de despejes del desorden se hace de puertas para adentro, puedes hacerlo de día o de noche, en cualquier momento del año, llueva o haga sol. De todas maneras, si sucede que estás leyendo este libro en primavera, esto te llevará a un buen comienzo. Hay un instinto natural que nos lleva a ordenar todo en esta época del año, cuando hay nueva vida y nuevos brotes en la naturaleza. Si vives en una parte del mundo donde sólo hay dos estaciones (la lluviosa y la seca), y no cuatro, comprobarás que es más fácil hacer limpieza al principio de cualquiera de estos períodos.

Otro buen momento es justo después de volver de vacaciones. Tienes una perspectiva diferente en este momento y es más fácil tomar decisiones de lo que de forma realista necesitas guardar. Lo mismo vale para cuando te cambias de casa, te recuperas de una enfermedad, comienzas en un trabajo nuevo, comienzas una nueva relación o cualquier otra nueva etapa de tu vida. Pero no hagas de la espera una excusa para no comenzar. ¡Repito: cualquier momento es bueno!

La mayoría de la gente tiene momentos favoritos del día para despejar el desorden. El mío es a primera hora de la mañana. Descubre cuándo estás en esta situación y entonces haz tu limpieza.

Generalmente recomiendo una gran revisión del desorden por lo menos una vez al año y si realmente quieres que tu vida vaya bien, entonces necesitas estar bajo constante revisión. Despeja la mayor parte del desorden y luego manténlo siempre manejable.

## Despeja el espacio para ayudar a despejar el desorden

Se intenta que la información de este libro te motive de tal manera a despejar el desorden, que éste sea todo lo que necesites. De todas maneras, si has leído mi primer libro o quisieras profundizar más en el Feng Shui, puede que te sea útil saber que el hacer la ceremonia completa de despeje del espacio te ayudará enormemente a comenzar con el despeje del desorden (véanse «Los veintiún pasos para el despeje del espacio básico» en la página 191). Lo ideal es poder hacer el despeje del desorden primero, pero si la tarea que debes realizar en este apartado es abrumadora, simplemente sáltate esa parte de la preparación del despeje del espacio y haz el resto de la ceremonia directamente, sólo para que la energía que hay en el espacio comience a moverse. Más adelante, después de haber despejado el desorden, puedes hacer otra vez la ceremonia de despeje del espacio, para consagrar de nuevo el espacio.

## Manejar tus pensamientos y tus emociones

Este libro no te está diciendo que «deberías» hacer esto o «deberías» hacer aquello, sino que te explica cómo la conservación del desorden puede afectarte; de esta manera puedes tomar tu propia e informada elección sobre esta cuestión.

«Debería» es una de las palabras más deprimentes que hay. Cuando la usamos nos sentimos culpables y obligados. Mi consejo es eliminar para siempre esta palabra de tu vocabulario y en su lugar usar «podría», palabra que te da poder.

Siente la diferencia: «*Debería* comenzar a despejar mi desorden hoy» o «*Podría* comenzar a despejar mi desorden hoy». «Podría» te da poder, te da la elección y después te permite gratificarte por un trabajo bien hecho. «Debería» te deprime, te hace sentir culpable y te da poca alegría en la realización de la tarea.

También te sugiero que elimines las palabras «no puedo» y sustituye los vocablos de futuro. Entonces se producirá realmente un progreso. Otra vez constata la diferencia: «*No puedo* decidir si quedarme con esto o desprenderme de ello» o

«*No decidiré* si quedarme con esto o desprenderme de ello». En el ejemplo del «no puedo», te sientes abandonado y desesperado. En el ejemplo del futuro, estás expresando tu decisión de ser una persona de libre elección y si después te preguntas por qué no desprenderte de ello, descubrirás que es debido a algún bloqueo subconsciente que nunca supiste que tenías: «No decidiré si quedarme con esto o desprenderme de ello porque me trae sentimientos relacionados con mi madre, padre, esposo...», etc. Bien, aún hay mucho trabajo por hacer, pero al menos ahora estás siendo honesto.

## Haz una lista

Primero, recorre tu casa con una libreta y un bolígrafo en mano, anotando las zonas de desorden de cada habitación. Si no estás en casa (¡o simplemente eres un perezoso!), sólo cierra los ojos y visualízate caminando de una habitación a otra. Verás que sabes exactamente dónde está el desorden.

Luego coge otra hoja y escribe otra vez la lista, comenzando desde arriba por las zonas pequeñas de desorden bajando hasta esos monstruosos montones, los que causan el gran desorden. Ejemplos de zonas pequeñas son: detrás de las puertas, cajones individuales, el armario del baño, pequeños armarios, bolsos de mano, maletines, caja de herramientas. Zonas de tamaño medio son: armarios, armarios de cocina, armarios de ropa blanca, escritorios, archivadores, etc. Grandes zonas son: trasteros, sótanos, desvanes, cobertizos, garajes, y todos aquellos espacios llenos de desorden que claramente te llevará un tiempo conquistar.

Ahora marca con un asterisco las zonas que más te molestan. Éstas son por las que hay que empezar, comenzando de pequeñas a grandes. Adquiere confianza con los pequeños éxitos y entonces te sentirás inspirado y animado para enfrentarte posteriormente a los grandes retos: las zonas más grandes. Y cuando veas lo bien que te sienta enfrentarte a las zonas de desorden que realmente te molestan, estarás más motivado para atacar aquellos bastiones donde quisieras que el desorden se deshiciera por sí mismo.

## Motivarte a ti mismo

Otra gran motivación es usar el Feng Shui Bagua (véanse el capítulo 8) para comprobar qué espacios de tu vida has estado inconscientemente saboteando, apilando trastos y más trastos en ese espacio de tu casa. Mucha gente se asombra al descubrir la extraordinaria minuciosidad de este sistema. Después piensa cómo te gustaría que fuesen esos aspectos de tu vida en el futuro. Teniendo en cuenta que esto realmente te ayuda a comenzar, mantente constante y firme hasta que el trabajo esté finiquitado.

## Preparación final

Espero que en este momento ya tengas una idea aproximada de la cantidad de desorden que estás dispuesto a intentar despejar, así que debes crear los medios necesarios para eliminarlo de tu casa. A no ser que ya hayas decidido alquilar un contenedor y tenerlo un largo tiempo alquilado o comprado, simplemente coge algunas cajas de cartón y/o bolsas de basura para empezar. Éste será tu pequeño ejército de ayudantes.

Si decides usar cajas, las cuatro básicas que necesitarás son éstas:

- Una caja de BASURA.
Para los trastos consumados, los destinados al vertedero.

- Una caja para REPARACIONES.
  Para los artículos que necesitan reparación, modificación, renovación, etc. Pon aquí solamente las cosas que estés seguro que quieres y necesitas; ponte también un plazo límite para repararlas.
- Una caja de RECICLAJE.
  Para cosas que serán recicladas, vendidas, cambiadas, regaladas a otros, etc. Déjalas volver al mundo; así otra persona podrá usarlas.
- Una caja de TRÁNSITO.
  Para las cosas que están de camino a algún otro lugar de tu casa (otra habitación u otro espacio que aún no ha sido creado, porque previamente necesitas despejar el desorden existente en ese lugar).

Hasta que adquieras la suficiente experiencia en esta técnica, probablemente necesites una quinta caja:

- Una caja de DILEMAS.
  Para las cosas de las que todavía tienes dudas si quedártelas o desprenderte de ellas.

A medida que el trabajo progresa, puedes también sentir la necesidad de crear subdivisiones para la caja de RECICLAJE, como subdividirla en:

- Una caja de REGALOS.
  Para las cosas que has decidido dar a parientes o amigos.
- Una caja de CARIDAD.
  Para las cosas que donarás a instituciones de caridad, bibliotecas, colegios, hospitales, etc.
- Una caja de RETORNOS.
  Para las cosas que devolverás a las personas a quienes pertenecen.

- Una caja de VENTAS.
Para las cosas que puedas vender o cambiar por otras que desees.

Y cajas para cada tipo de objetos con posibilidades de ser reciclados (papel, botellas, etc.).

## COMIENZA EL GRAN DESPEJE DEL DESORDEN

### Comienza por lo pequeño

Primero escoge un espacio pequeño para despejar. Es ideal un cajón o un pequeño armario. Date la satisfacción de tacharlo de tu lista cuando lo hayas hecho. La mayoría de la gente se siente bastante bien después de finiquitar un espacio, así que deciden hacer otro y tal vez otro, y ¿por qué no? otro más. Cada espacio pequeño que despejas desprende energía que te obliga a hacer más. Hazlo a tu propio ritmo, haciendo tanto como puedas, según el estado de ánimo que tengas en ese momento. Esto puede llevar unas pocas horas, unos pocos días, unas pocas semanas o unos pocos meses, dependiendo de la cantidad de objetos que tengas por despejar y de lo «animado» que estés. ¡Recuerda: la velocidad con la que aparecen los cambios positivos en tu vida tiene relación con el gusto y firmeza con los que tu desorden es despejado!

### Espacios grandes

Cuando te hayas enfrentado a algunos espacios pequeños, comienza con los medianos y finalmente lánzate sobre los grandes; por si acaso divide los espacios en secciones de tamaño manejable. Divide los armarios en secciones separadas y las habitaciones en espacios separados. Puedes hacer así la casa entera y aumentar tu confianza mientras tanto.

## Revisando tus cosas

Cuando estés revisando tus cosas, no hagas pilas de objetos con la intención de decidir después dónde irán. Coge cada objeto por turnos y toma una decisión acerca de él ahí y en ese momento. ¿Se queda o se va? Si se va, ponlo en la caja de BASURA o en la caja de RECICLAJE. Si se queda, decide dónde lo pondrás y ponlo ahí o en la caja de TRÁNSITO. Cerca del final de cada sesión de despeje del desorden que realices, coge tu caja de TRÁNSITO, recorre tu casa y vuelve a colocar su contenido en los lugares en los que has decidido que esté cada artículo. Si alguno de estos lugares está ocupado, porque aún no lo has despejado, los artículos necesitarán quedarse en la caja de TRÁNSITO por un tiempo; no es lo ideal, pero quizás sea lo mejor que puedas hacer.

Haz que todo este proceso sea divertido y estimulante para ti. Decide ahora que cada objeto que ocupa un lugar en tu casa tiene que tener una razón válida para estar allí. Pregúntate: ¿pasará el test del desorden?

## El test del desorden

1. ¿Aumenta mi energía cuando pienso en él o cuando lo miro?

2. ¿Lo quiero realmente?

3. ¿Es realmente útil?

144

Si la respuesta no es un «sí» rotundo para la pregunta 1, y el «sí» tampoco lo es para la 2 o la 3, entonces ¿qué función desempeña en tu vida?

1. **¿Sube mi energía cuando pienso en él o cuando lo miro?**
   Reconocer si te sientes con más o menos energía es la parte más segura y contundente del examen del desorden. Tu mente y tus emociones pueden intentar engañarte e inventar todo tipo de excusas para que te enganches a las cosas, pero tu cuerpo sabe la verdad y nunca miente.

2. **¿Lo quiero realmente?**
   Si es así, ¿me inspira realmente o es sólo un elemento decorativo «bonito»?
   ¿No tengo ya suficientes artículos de este tipo para mis necesidades?
   A pesar de lo mucho que lo quiero, ¿no tiene también malas asociaciones en mi vida?

3. **¿Es realmente útil?**
   Si es así, ¿cuándo lo utilicé por última vez?
   ¿Cuándo, de forma realista, lo utilizaré otra vez?

## Es sano desprenderse de cosas

Afirma para ti mismo mientras revisas tus cosas: «Es sano desprenderse de cosas». Despejar el desorden es desprenderse de cosas y confiar que el proceso de la vida te traerá lo que necesitas, cuando lo necesites. Cualquier cosa que estés guardando «por si acaso», lo haces por miedo.

Si tienes mucho desorden, puedes necesitar revisarlo varias veces antes de sentirte preparado para desprenderte de algunas cosas. ¡En algunos casos, puede llevarte un año entero o quizás más, antes de admitir por fin que todavía no lo has utilizado en absoluto!

## No hay elecciones equivocadas

Como aprender cualquier otro conocimiento, el despeje del desorden es un tema que puedes desarrollar. Puedes pensar para ti mismo que necesitas desarrollar el «músculo» del despeje del desorden. Cuanto más haces, más competente te haces y más fácil es, pero cuando comienzas te puedes sentir extremadamente débil en el despeje del desorden.

Mucha gente deja de hacer una limpieza porque les preocupa mucho desprenderse de algo y de lo que arrepentirse luego realmente. Después de estar practicándolo durante un cierto tiempo, te darás cuenta de que nunca hay elecciones equivocadas. Incluso si posteriormente te arrepientes de tirar algo, puedes confiar en que por alguna razón tu álter ego te llevó a tomar esa decisión y con el tiempo podrás averiguar el por qué fue mejor que lo hicieras. De hecho, creo que esto se aplica no sólo al desorden sino a todo lo que nos ocurre en la vida. Cada elección que haces es una elección correcta. Lo verdaderamente importante no es la elección en sí, şino la razón por la cual la tomaste. Cualquier elección tomada desde el miedo es una elección que te quita poder.

## La caja de dilemas

Mientras estés aprendiendo el arte de hacer elecciones con más poder, puedes necesitar usar la caja de DILEMAS. Cuando te topas con cosas que tú realmente sabes que constituyen desorden, pero en lo profundo de tu corazón no te sientes aún preparado para deshacerte de ellas, ponlas en la caja de DILEMAS y después escóndela en el lugar más profundo y recóndito de uno de tus armarios. Escribe una nota en tu agenda en un tiempo futuro (un mes, seis meses o lo que a ti te parezca bien) para revisar la caja. Intenta recordar lo que hay dentro antes de abrirla. Puede que lo hayas olvidado, lo cual demuestra que realmente no necesitas esas cosas. Tu vida ha ido perfectamente sin ellas. Puedes incluso hacer un trato contigo mismo: lo que recuerdes y aún sientes que tiene un uso real para ti, puedes quedártelo; el resto ¡tíralo! Si esto te parece muy extremo, simplemente abre la caja y revisa el contenido con minuciosidad, teniendo en cuenta que no has necesitado ninguna de las cosas durante el tiempo que han estado almacenadas.

Una mujer estaba tan preocupada por la posibilidad de que pudiera arrepentirse de desprenderse de algo, que lo embolsó todo en tres bolsas de basura grandes y durmió con ellas en su dormitorio durante tres noches. Creía que si había algo allí que echase en falta, saltaría de la cama en medio de la noche, removiendo las bolsas hasta recuperarlo. Pero durmió plácidamente cada noche y a la cuarta mañana alegremente tiró el lote y no extrañó nada de lo que contenían aquellas tres bolsas.

## Ordenar

Si tu desorden es producto más de la variedad de confusión que de la de cosas que necesitan ser revisadas o tiradas, he aquí una muy buena forma de cobrar impulso para ayudarte a ordenar tu casa y mantenerla así.

Comienza por un rincón de la habitación. Coge un objeto al azar que necesite guardarse. Digamos, una camiseta. Empieza a hablarte a ti mismo en voz alta en un tipo de canto rítmico, describiendo lo que estás haciendo. «Estoy recogiendo la camiseta y estoy yendo hacia el armario.» «Estoy abriendo la puerta y la estoy colgando en una percha.» Luego ve y coge más cosas del mismo rincón. «Estoy recogiendo el periódico y tirándolo a la papelera.» «Estoy recogiendo el libro y lo estoy poniendo en la estantería», etc.

Todas las frases necesitan poseer un ritmo similar y tener dos partes: «da-da-dee-da-dee» y «da-da-dee-da-dee-da». Es éste el ritmo que te arrastra y hace que la tarea sea divertida y alegre. A los niños les encanta ordenar de esta manera. También significa que tu diálogo mental está cubierto, así no te estancas en tus habituales indecisiones o en los detalles. Métete en el ritmo y síguelo. Comienzas por un rincón y continúas con el resto del espacio hasta que esté despejado.

## SACAR EL DESORDEN DE TU CASA

No realices todo el trabajo sin dar el último paso: debes sacar el desorden de tu casa. ¡Ésta es una parte crucial del despeje del desorden!

**Basura y reciclaje.** El desorden que has decidido que es basura o que puede ser profesionalmente reciclado es habitualmente el más fácil y rápido de quitar. Alquila un contenedor para sacarlo, métalo en un coche o furgoneta y llévalo tú mismo al vertedero o centro de reciclaje, o ponlo en la basura para que se lo lleve el basurero. Es muy gratificante sacarlo de tu casa tan pronto como puedas.

**Regalos.** Los regalos para amigos, familiares, casa de caridad, instituciones y a otras causas que lo merezcan, generalmente lleva más tiempo quitárselos de encima. Puede que tengas que esperar a ver el amigo en particular o pasar por la casa de caridad, colegio, biblioteca, hospital, etc. Si escoges esta opción, ponte una fecha (digamos, fin de mes) para la cual habrás dado lo que sea que esté en la caja de RECICLAJE, o haz un trato contigo mismo: en última instancia lo tirarás a la basura. No me malinterpretes. Estoy de todo corazón a favor de dar cosas para que sean utilizadas por otras personas, pero mi experiencia me dice que la mayoría de los objetos designados como regalos permanecen en cajas o bolsas y nunca llegan a traspasar la puerta de casa. Hasta que no hayas cogido experiencia en despejar el desorden, puede que no sea conveniente que te permitas el lujo de los regalos. Simplemente, despréndete del desorden lo más rápido posible.

**Devolver cosas.** Esto también puede llevar un cierto tiempo. Tienes que contactar con las personas a las que les pertenecen y pedirles, rogarles o insistirles para que los saquen de tu espacio. Establece una fecha razonable y si no han venido a recoger sus objetos, entonces, sin dudar, hazles saber que harás con ellos lo que creas conveniente. Como alternativa puedes decidir enviarlos por correo o devolverlos tú mismo.

**Vender.** Esto puede llevarte aún más tiempo. Generalmente, no es una apuesta acertada para una persona que despeje el desorden por primera vez, a no ser que tengas a alguien que compre tus trastos o te decidas a hacer un mercadillo (una excelente idea).

**Cambiar o permutar.** Esto es incluso más difícil, a no ser que conozcas a alguien que esté buscando exactamente lo que tú tienes y tenga exactamente lo que tú quieras o que contactes con una organización que se especialice en cambios y permutas. Establece un tiempo límite y si para entonces no has encontrado el cambio o la permuta, véndelo, regálalo, tíralo o lo que sea.

**Reparar, modificar, renovar, etc.** Esto puede ser lo que te lleve más tiempo de todo y es de lejos la apuesta más tramposa. Existen muchas posibilidades de que continúen sin reparar, sin modificar o sin renovar por estas fechas del año próximo o incluso por estas fechas la década próxima. Preocúpate particularmente de no guardar oscuros objetos de los que te has convencido que algún día transformarás en algo útil o cosas que estás guardando hasta encontrar la pieza que les vaya y las haga útiles. ¡Continúa soñando!

## Darte el lujo

Mi intención al escribir este libro ha sido hacer de los beneficios del despeje del desorden algo tan atractivo que superarás la inercia de conservarlo. ¡Adopta la actitud de que te darás el lujo de despejar tu desorden! Luego, cuando hayas experimentado los beneficios del despeje, querrás darte ese lujo más a menudo. Como me dijo una mujer: «¡Nunca me había dado cuenta de que uno puede obtener tanto placer al desprenderse de posesiones materiales como cuando las compra!».

Recuerda que no necesitas aspirar a la perfección. Sólo aspira a manejar el desorden que se está amontonando en tu espacio y continúa con tu vida.

# 17

# Mantenerse libre del desorden

Un hombre me envió un correo electrónico para decirme: «Estoy ocupado despejando el desorden. Ahora veo más desorden que nunca. Me río de mí mismo. Busco algo en un cajón y veo el desastre. Me detengo y ordeno el cajón. Me siento mejor después de que cada tema está terminado».

Algunas semanas después, me envió otro correo electrónico, diciendo: «Volví de esquiar ayer por la noche y tenía cuatro bolsas de basura. Antes de salir esta mañana tuve que tirarlas porque me estaba volviendo loco al ver el desorden».

¡Este hombre ha integrado definitivamente el despeje del desorden en su vida! El acierto de estar libre de desorden es cambiar tus hábitos de acumular.

## Un lugar para cada cosa y cada cosa en su lugar

Recuerdo haber leído una vez acerca de una rica familia árabe que viajaba regularmente por cuatro diferentes ciudades de su país. El marido viajaba para controlar sus negocios y la familia le acompañaba. Como encontraba muy desconcertante estar siempre cambiándose, utilizó su riqueza para construir mansiones idénticas en las cuatro localidades y cada casa estaba decorada y amueblada exactamente igual. Y no sólo eso, cuando cualquier miembro de la familia iba a comprar ropa, compraba cuatro unidades de cada modelo, que inmediatamente eran enviadas a cada una de las mansiones, para ser colgados exactamente en el mismo lugar, evidentemente en cada uno de los idénticos armarios. Y así, sin importar dónde estuviesen, cuando uno abría el armario, encontraba las mismas prendas.

Como frecuente viajera que soy de diferentes destinos, quedé fascinada con esta descripción. Una casa ordenada significa una mente ordenada. Cualquiera que sea tu situación personal es importante que te organices, así el nivel corriente de tu vida te respaldará.

## Organizándose

¡Una de las situaciones más divertidas del mundo es un miope buscando sus gafas! Después de haber despejado tu desorden de las mesas, por supuesto será mucho más fácil ubicar los objetos, pero póntelo más fácil colocándolos en el lugar apropiado. Haz lo mismo con tus llaves, cartera, zapatillas y otros artículos que suelas utilizar con una relativa frecuencia y debas encontrar rápidamente.

He aquí otros consejos que te harán la vida más simple:

- Guarda las cosas similares juntas.
- Guarda las cosas cerca de donde las utilices (por ejemplo, guarda tus floreros cerca de donde arreglas las flores).

- Pon las cosas que utilices con más frecuencia, en los lugares más accesibles.
- Póntelo fácil para que las cosas estén en su sitio y así no se desorganizarán o desordenarán.
- Etiqueta las caja; así sabrás lo que hay en ellas.
- Ordena la ropa de tu armario según colores (de esta forma parece más atractivo).

## Compra un archivador y utilízalo

Vivimos en la era de la información. Todos necesitamos un lugar para guardar papeles relacionados con la casa o con el trabajo y la mejor forma de manejar esta situación es comprando un archivador. Algunos archivadores modernos son bonitos. Puedes guardar todos los papeles, juntarlos en archivos y encontrarlos mucho más fácilmente que si los tienes amontonados en una pila. Crea diferentes categorías. Si te encuentras con un papel que tienes que guardar y no sabes en qué archivo ubicarlo, no lo dejes en la pila; inventa una nueva categoría y créale un nuevo archivo. Los archivos que se hacen sospechosamente gordos, o bien necesitan separarse en archivos más pequeños o bien necesitas hacer un despeje de documentos antiguos. Los archivos que se mantienen persistentemente delgados, o bien son excesivos o bien necesitan integrarse en otros más grandes. Por lo menos una vez al año, revisa tu archivador y tira todo lo que ya no es relevante.

## Guardar cosas

El objetivo de poseer un lugar donde almacenar objetos es el de tener algún sitio donde poner temporalmente aquellos que actualmente no están en uso. Un buen ejemplo son los adornos de Navidad, que sólo utilizamos una vez al año. La ropa de invierno la podemos guardar durante los meses de verano y la de verano, durante los meses de invierno, en el lugar que hemos habilitado. Después hay objetos, como los utensilios del camping, que se utilizan muy de vez en cuando. No almacenes demasiadas cosas ni las dejes allí indefinidamente sin utilizarlas. En ese momento es cuando la energía empieza a estancarse.

Algunas de tus pertenencias la ley te obliga a guardarlas durante algún tiempo: impuestos y un sinfín de documentos bancarios, recibos de alquiler, los de las compañías de servicios, etc. Debes investigar los requerimientos legales de tu país. Si dice siete años, archiva tus papeles por años; así al inicio de cada año impositivo puedes tirar los archivos de los ocho años anteriores a la papelera. ¡La mayoría de la gente encuentra esto tremendamente satisfactorio!

## Parar el desorden antes que comience

Puedes ahorrarte mucho despeje del desorden adoptando estos nuevos hábitos:

- Piensa dos veces antes de comprar. Decide antes de comprar cualquier cosa dónde la pondrás y para qué la vas a usar. Si tus respuestas a ambas preguntas son vagas, estás a punto de comprar desorden. En este caso desiste de comprar.
- Vacía las papeleras de tu casa periódicamente, al principio o al final del día, de la manera que te sea más cómoda. Y asegúrate de tener las suficientes papeleras, ¡así en el momento que quieras tirar algún papel, puedes usarlas!
- Elimina las palabras «por ahora» de tu mente y vocabulario. Cuando dices que estás poniendo algo en algún lu-

gar «por ahora», significa que estás planeando volver a él y ponerlo en su sitio. Habitúate a ponerlo en su sitio directamente.

- Si sabes que eres propenso a acumular objetos, impónte una nueva regla: «Cuando entre algo nuevo, algo viejo se va». ¡Por lo menos tu desorden irá cambiando aunque todavía aún no hayas sido capaz de aminorarlo!

## Contrata a un profesional para que te ayude

En Estados Unidos se les denomina organizadores profesionales. Yo llamo a los profesionales que formo asesores de despeje del desorden (ADD). Escribo mis libros para enseñar a la gente cómo ayudarse a sí misma, pero tal vez tengas tanto desorden que realmente necesites la ayuda de un buen profesional que te ayude a comenzar y a mantenerte en ello.

# 18

# Despejar el desorden
# de tu cuerpo

Una progresión natural en tu casa del despeje del desorden es despejar el desorden dentro del templo de tu cuerpo físico. La gente que junta desorden en el exterior tiende a juntar desorden en el interior, pero así como el desorden en el exterior puede obstaculizar tu progreso en la vida, el desorden del interior puede traer problemas serios que incluso amenacen tu salud o afecten a tu vida.

El cuerpo humano es una máquina altamente sofisticada. Se alimenta, asimila todo lo que necesita y elimina el resto a través de sus cinco sistemas de eliminación principales: el colon, los riñones, la piel, los pulmones y el sistema linfático, y también diversos sistemas subsidiarios como los ojos, las orejas, el ombligo, las uñas, el pelo y en las mujeres la vagina. Todos estos conductos están diseñados para eliminar eficientemente las indeseables toxinas del cuerpo.

# Purificación del colon

Al final del capítulo «Despejar el desorden» de mi primer libro, incluí una sección titulada «Despeje su colon». En sólo dos concisos párrafos, señalé los principios de la limpieza del colon a base de hierbas y recomendé a un conocido proveedor de Gran Bretaña para la receta de hierbas que yo misma he usado durante años con resultados espectaculares. No le dije al proveedor que incluiría sus datos y quedé sorprendida al saber un año después que había sido inundado a preguntas por los lectores de mi libro. Y por esto incluyo una sección mucho más larga y completa sobre el tema y otros asuntos relacionados, dado que existe mucho más interés del que yo en un principio supuse.

## Por qué necesitas limpiar tu colon

La mayoría de los occidentales ni tan sólo saben que necesitan limpiar su colon regularmente. Creen que la manera en que se encuentran y el nivel de salud que tienen es la forma en que las cosas funcionan naturalmente, pero de hecho no saben lo que es sentirse «normal». Años de alimentación basada en una comida mal procesada, mal cocinada, congelada, enlatada, irradiada y con conservantes, han contribuido a esto. Los profesionales de las agencias funerarias dicen que hoy en día los cadáveres raramente necesitan ser embalsamados; sin quererlo comemos tantos conservantes que nuestro cuerpo en ese momento demora mucho más el tiempo de descomposición después de la muerte.

Enrollado dentro del abdomen humano hay cerca de 6,5 metros de intestino delgado, que nos lleva a 1,5 metros de intestino grueso (también conocido como colon o intesti-

158

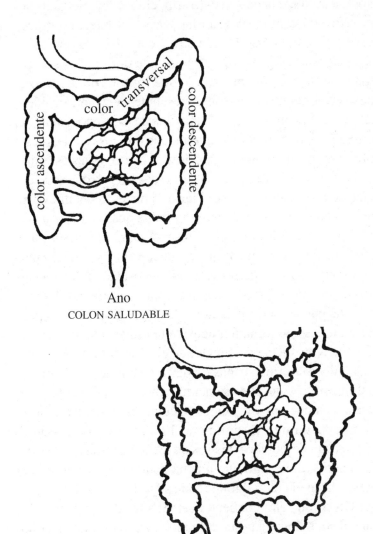

Ano
COLON SALUDABLE

Ano
COLON ENFERMO

Colon sano y colon enfermo.

159

nos). Para que puedas visualizarlo, el intestino delgado tiene de 3 a 4 centímetros de diámetro y el intestino grueso unos 5,5 centímetros de diámetro... o así debería ser.

La primera figura (véase página anterior) muestra un colon sano; la segunda muestra lo que sucede con la mayoría de los colones de las personas que siguen una dieta occidental, perfectamente descrita como una de las menos sanas del mundo. Es muy probable que muchos de los que lean este libro tengan el colon deformado y cubierto de heces estancadas y atascadas. Les pasa a casi todas las personas que comen comida occidental. Por cierto, si tienes michelines o un prominente abdomen, es muy probable que sea tu caso.

Las placas de mucosa se forman en el colon, en parte como residuo de comidas que producen mucosidad y en parte porque nuestro cuerpo segrega mucosidad en los intestinos como mecanismo de defensa contra las toxinas. La mucosidad puede ser despejada por los jugos pancreáticos pero las comidas que forman mucosidad producen un porcentaje tan alto en la dieta occidental que el páncreas no puede con todo ello. Se forman capas de placa a lo largo del recorrido del intestino y después se acumulan y se endurecen. ¡Con nuestras modernas y recientes costumbres alimenticias, todo comienza en nuestra infancia! Los investigadores de la NASA han descubierto rastros de leche materna en el colon de adultos, indicando que mucha gente tiene materia fecal atascada en el colon durante toda su vida.

Un colon sano contiene bacterias residuales benévolas que pueden llegar a pesar 2,25 kilos, mientras que un colon enfermo puede llegar a pesar según la autopsia 18 o más kilos. A veces hay tanta materia putrefacta que parte del colon se expande desde los 5,5 centímetros a 22 o incluso a 44 centímetros en personas obesas, dejando solamente un canal del tamaño de un diámetro de un lápiz en el centro, por donde pasan los excrementos. El colon está permanentemente intoxicado y un sinfín de problemas de salud resultan de que todo este veneno se filtre en el flujo sanguíneo y vaya a parar a cualquier parte del cuerpo.

Si consumes o has consumido alguna vez carne, aves de corral, pescado, productos lácteos, azúcar, comida preparada de cualquier tipo, chocolate, cafeína, refrescos o bebidas alcohólicas, es prácticamente seguro que tendrás placas de mucosa y te beneficiarás de la limpieza del colon. Incluso los vegetarianos necesitan hacerlo, porque la mucosidad se forma de la soja y de otros alimentos en grano (la soja es la planta que más mucosidad forma). Todas las culturas, sean carnívoras o vegetarianas, tienen ciertas hierbas que se pueden tomar de vez en cuando para limpiar los conductos intestinales.

De la misma forma que cada parte de tu casa está conectada a un aspecto de tu vida, cada parte del colon está conectada a una parte de tu cuerpo (véase el libro del doctor Richard Anderson). De aquí que muchos herbolarios aboguen por la limpieza del colon como la cura del 90% de todas las enfermedades y yo ciertamente he encontrado que es enormemente beneficiosa en términos de prevención y curación. Funciona porque no solamente limpias el sistema de tus conductos internos sino que, en el proceso de hacerlo, todos los asuntos emocionales que puedan estar enterrados allí desde hace años, salen a la superficie y se comprenden. Es en la resolución emocional donde la verdadera curación se lleva a cabo.

## Comer y defecar

Comer y defecar es el proceso más natural del mundo; aun así la mayoría de los occidentales desconocen su cuerpo. En privado, se sienten disgustados con la idea de su propio excremento. He constatado que los niños balineses aprenden a utilizar el lavabo mucho antes que los niños occidentales; creo que es consecuencia directa del hecho de que no son criados con pañales y entienden lo que pasa con su cuerpo mucho antes.

De mi investigación durante años en este tópico de «no hablar de esta incómoda compañía», he llegado a la conclusión de que una de las cosas más torpes jamás inventadas es el inodoro occidental. La posición en cuclillas adoptada por los millones de personas que viven en Oriente, abre el colon y hace mucho más simple evacuar los intestinos que sentarse doblado en el inodoro occidental. Pienso que ésta es una posible razón por la cual las enfermedades de colon son tan comunes en Occidente y tan raras en Oriente. (Un consejo útil y saludable si utilizas un inodoro occidental: siéntate recto y levanta ambos brazos por encima de la cabeza; esto abre la vía intestinal de forma similar a estar de cuclillas.)

A lo mejor todo esto es demasiado complicado para ti. Realmente me doy cuenta de lo desagradable que resulta para algunas personas hablar de estos temas. De todas formas, considero la limpieza del colon crucial como medicina preventiva. Si tu colon está despejado, tu cuerpo prospera y tu vida funciona. Si tu colon está obstruido, ello afectará a todo lo que hagas. Si necesitas algo más convincente, el doctor Richard Anderson nos cuenta un experimento muy revelador:

*«Alexis Carrel, del Instituto Rockefeller y destinatario del premio Nobel, pudo mantener células de tejido vivas, indefinidamente, mediante una dieta nutritiva y quitando las excrecencias de los tejidos. Las células crecían y prosperaban mientras se eliminaban las evacuaciones. Las condiciones sanitarias deficientes se manifestaban en baja vitalidad, deterioro y muerte. ¡Mantuvo un corazón de pollo vivo durante 29 años hasta que alguien dejó de limpiar sus excrecencias!»*

# Estreñimiento y diarrea

La regla general es «una nueva comida dentro, la última fuera». Así que si no sientes ganas de mover el vientre dentro de la primera media hora después de tomar una comida, estás estreñido. Y una diarrea que dura mucho tiempo es igual de problemático, porque significa que tu colon está cargado de bacterias dañinas (probablemente también parásitos, que adoran la putrefacción, la materia podrida) y está constantemente irritado.

Los siguientes síntomas también son indicativos de problemas de colon: ruidos en los intestinos, dolores de estómago, pedos olorosos, sentir que ni la comida saludable te sienta bien (pobre absorción de nutrientes), mal aliento, mal olor corporal y mal olor de pies. También existirá un sentimiento general de no estar al cien por cien.

Si todavía tienes dudas, haz la prueba de la semilla de girasol. Coge un puñado de semillas de girasol y póntelas en la boca, mastícalas lo máximo posible y trágatelas. ¡Ahora espera hasta que salgan por el otro lado! Si el tiempo de paso intestinal es de aproximadamente diez horas, estás en forma. Si es más, podrías utilizar algún limpiador de colon para despejar lo atascado. ¡Algunas personas tienen que esperar tres o cuatro días antes que las semillas de girasol aparezcan! Una mujer me escribió para decirme lo contentos que estaban ella y su marido al darse cuenta de que las semillas emergían sólo doce horas después... y luego notaron que siguieron saliendo, una y otra vez, durante los próximos tres días. ¡Es necesario seguir controlando!

## El movimiento de vientre ideal

He aquí información que es difícil de encontrar en otros libros. Cómo será el movimiento ideal del vientre, luego de haber hecho una limpieza de colon:

- Sale fácilmente, sin ruidos y en segundos.
- Sale todo en una pieza y flota en el inodoro (la mucosidad lo hace hundirse).
- Es de color marrón claro.
- No huele mucho.
- Es lisa, cilíndrica y no compacta.
- Se deshace con facilidad cuando accionas la llave del inodoro.

Por esto afirmo que el material de lectura cerca del inodoro es señal de estreñimiento; si tienes tiempo de leer algo mientras estás allí, ¡estás en baja forma!

## Los beneficios de un colon limpio

Hasta ahora he subrayado los terribles resultados de un colon sucio, así que ahora pongo algunos de los resultados positivos de tener un colon limpio. Mucha gente encuentra que después de hacerlo una vez, les encanta el resultado y hacen de ello un acontecimiento anual. Luego de una limpieza de colon puedes esperar:

- Sentirte y encontrarte más saludable (mejor color de piel, menos granos, uñas fuertes, pelo más brillante, etc.).
- Sentirte más boyante y energético.
- Un sistema inmunitario más fuerte frente a las enfermedades.

- Obtener lo mejor de la comida y tener menos deseos de desarreglos.
- Experimentar más amor, alegría y diversión en tu vida.
- Ser más flexible de cara a la vida.
- Estar contento de desprenderte de lo viejo y contento de recibir lo nuevo.
- Disfrutar de un sexo más satisfactorio (porque no tienes la presión interna de un colon con sobrepeso).

Louise Hay, en su libro *Sana tu cuerpo*, nos da la razón metafísica de los problemas intestinales: «miedo de desprendernos de lo viejo que ya no necesitamos», y recomienda esta afirmación: «libre y fácilmente me desprendo de lo viejo y alegremente doy la bienvenida a lo nuevo». Como medida práctica para reforzar esto, permítete en el futuro, cuando sea prácticamente posible, ir al lavabo no bien tengas la urgencia, en lugar de aguantar lo más posible como tanta gente hace. De esta manera, te reeducas físicamente a evacuar de manera fácil y rápida en lugar de aguantarte hasta que te veas obligado, lo cual se filtra a lo mental, emocional y a todos los aspectos de tu vida.

## Limpieza del colon con hierbas

La limpieza del colon con hierbas, hecha en conjunción con un programa nutricional regenerativo (¡no tiene sentido despejar la porquería de uno de los puntos, si por el otro continúas embutiéndote el mismo tipo de cosas!), produce resultados destacables. Permítete comer durante un mes de cada año de tu vida azúcar, comida que forma una gran mucosidad u otra comida basura.

Nunca utilices laxantes. Irritan y debilitan el intestino; los fármacos son útiles como ayuda puntual durante el ayuno pero no sustituyen la profunda limpieza y las propiedades reconstituyentes de las hierbas para el colon.

Siempre es mejor trabajar con un herbolario cualificado. El proceso trae invariablemente asuntos emocionales con los que tal vez necesites ayuda y puede que también necesites apoyo cuando tu cuerpo comience a evacuar lo que parece ser pequeños trozos de ¡neumáticos viejos! Como me dijo un hombre en una ocasión: «Es horripilante ver lo que sale pero causa satisfacción verlo desaparecer».

He incluido una lista de libros que tratan sobre este tema en la sección bibliográfica al final del libro.

Asegúrate de obtener asesoramiento profesional en caso de estar embarazada, estar dando el pecho, ser mayor, tener alguna enfermedad crónica o en caso de sentirte débil o extenuado.

## Eliminación de parásitos

Existe un mito moderno que dice que los gusanos y otros parásitos existen solamente en los países del tercer mundo. También abundan en Occidente y la limpieza del colon es una parte vital para eliminarlos de tu cuerpo. Lee el libro *The Cure for All Diseases*, de la doctora Hulda Clark, para que puedas obtener una información más detallada sobre este tema. Bien podría ser una revelación para ti comprobar con qué frecuencia los parásitos están implicados en la mala salud.

## Ayunar

Después de meses de estar «en la carretera» haciendo talleres en Occidente, comiendo en restaurantes, durmiendo en hoteles y viajando en aviones, es un auténtico placer para mí volver a mi casa en Bali, y tener el tiempo y el espacio para hacer un verdadero ayuno a base de zumos. Nada me revitaliza y me da más energía que un ayuno a base de fruta fresca, pura, orgánica, o de vegetales o, mejor aún, de agua pura.

Así es como funciona. Cuando comes comida, consumes mucha energía de tu cuerpo para digerirla. Cuando ayunas a base de zumos todos tus órganos internos toman vacaciones, así que toda esa energía sobrante sirve para reparar y revitalizar. Creo que la cosa más tonta que una persona puede hacer cuando está seriamente enferma, es comer de todo. Los animales lo saben. Nunca comen cuando están enfermos.

Excepto en los casos de urgencia médica, siempre es mejor hacer una limpieza de colon antes de un ayuno a base de zumos. La mayoría de los desagradables efectos secundarios que la gente dice tener del ayuno, se deben exclusivamente a una autointoxicación producida por la materia putrefacta atrapada en su propio colon cuando deja de funcionar. Y para aquellos que teman sentir hambre durante el ayuno, he aquí un consejo probado y comprobado: durante el primer o segundo día, mezcla con tu zumo grandes cantidades de polvo de espirulina o toma espirulina en tabletas (varias docenas al día). Es la proteína más completa que se conoce, es excelente para tonificar el intestino y no sentirás hambre en lo más mínimo. Al final del segundo día todas las angustias del hambre habrán cesado.

Lo último en ayunos es el ayuno a base de agua. Y otra vez, si no es por una urgencia médica, es mejor hacerlo de la forma anteriormente descrita, antes de empezar con agua solamente desde el primer día. Ve diluyendo gradualmente tu zumo hasta acabar bebiendo sólo agua.

Es vital que busques la ayuda de un profesional cualificado y que leas mucho sobre el tema antes de intentar un ayuno. Necesitas determinar cuánto tiempo debes ayunar, ayunar a base de qué y muy especialmente cómo romper un ayuno. Romper un ayuno muy rápido o con el tipo equivocado de comida puede tener serias o incluso fatales consecuencias. De todas formas, hecho correctamente, ayunar es una de las experiencias más estimulantes que puedas imaginar. Es muy bueno darles a tus órganos internos la oportunidad de descansar y a ti de experimentar qué se siente si no atiborras tus emociones con comida todo el tiempo. Descubrirás una nueva profundidad en la pasión y la vitalidad.

## LOS RIÑONES

Nuestro cuerpo está compuesto aproximadamente por el 70% de agua y todavía hay gente que apenas consume uno o dos vasos de agua al día. Todas las células contienen agua, la sangre es en un 90% agua, incluso los huesos contienen un 22% de agua. Su presencia es fundamental en la vida y en la buena salud, para transportar oxígeno y otros productos nutritivos a las células y elimina las toxinas de las células.

Así que mi mensaje es: bebe agua. Es lo mejor que puedes beber. El agua limpia y purifica, trayendo más claridad a tu vida. Lo ideal es beber 2 litros de agua al día. Los zumos de fruta fresca y de vegetales frescos son también especialmente buenos, sumados al agua. Mientras que el té, café, refrescos azucarados y el alcohol provocan un tremendo esfuerzo al cuerpo, especialmente a los riñones, hígado, páncreas y colon, y deben ser evitados. Están mayormente compuestos de agua, ¡pero también tienen agentes altamente deshidratantes!

Sabrás si bebes suficiente agua por el simple mecanismo que Dios nos ha dado, llamado sed. No lo ignores. Para cuando tú sientes sed, tus células ya están deshidratadas. También puedes comprobar el color de tu orina. La orina de color amarillo oscuro significa que les estás dando un duro trabajo a tus riñones. La orina amarilla muy pálida o casi incolora significa que estás bien hidratado.

Hay también un arte para beber líquidos. Es mejor beber media hora antes de comer y esperar de hora y media a dos antes de beber otra vez; si no, diluyes los jugos digestivos de tu estómago y ello causa estragos internos (la comida se estropea y fermenta, provocando acidez que afecta a todas las funciones del cuerpo). Cuando masticas la comida correctamente, no necesitas bajarla con agua.

Si descubres que te gusta tener el colon limpio, puedes decidir hacer una limpieza de riñones con hierbas una vez al año, también para mantener a estos órganos vitales de filtrado de agua en buena forma.

## LOS PULMONES

Respira profundamente para permitir a tus pulmones hacer su trabajo, el de eliminar toxinas. La mayoría de los occidentales ventilamos mal, cogiendo sólo el aire suficiente para subsistir. Todo esto está ligado a sentimientos de baja autoestima: «No lo merezco», «No soy tan bueno», etc. Si tienes miedos, tus hombros se curvarán hacia delante mientras tu cuerpo inconscientemente intenta proteger la zona del corazón, y esto limitará tu respiración todavía más.

Endereza tu columna. Tómatelo en serio. Es tu derecho vivir la vida plenamente. Cada vez que inspiras, dices «sí» a la vida, «sí» al amor, «sí» a la diversión, a la felicidad y a la abundancia. Aprende de los nativos del mundo u observa a un niño occidental recién nacido y descubre que la forma correcta de respirar no es de forma superficial a nivel del tórax, sino más profundo desde el diafragma, permitiendo que la respiración masajee los órganos internos. Respira por la nariz, nunca por la boca. Saluda a cada nuevo día haciendo inspiraciones muy profundas, abriendo ampliamente los brazos y llenando los pulmones a su capacidad máxima, reafirmando la vida y despejando el aire residual estancado en el fondo de tus pulmones. Recuerda también que debes respirar correctamente cuando comes, para oxigenar la comida.

Otras formas de ayudar a tus pulmones son: caminar vigorosamente, evitar la comida que forma mucosidad y los obstruye (véase página 165), evitar la contaminación y por supuesto deja de fumar si no lo has hecho aún. Busca un libro que muestre lo sucios que están los pulmones de un fumador; si aún necesitas más incentivos para dejarlo, ¡es bastante impresionante!

## EL SISTEMA LINFÁTICO

El sistema linfático limpia todos los tejidos del cuerpo. El corazón bombea la sangre por todo el cuerpo, pero el sistema linfático depende totalmente de la acción de los pulmones y de los músculos del cuerpo; por eso es tan importante hacer ejercicio regularmente. Caminar, nadar, otras formas de ejercitarse suavemente y hacer trampolín son excelentes formas de hacer funcionar el sistema linfático. La mayoría de los masajes son también de gran ayuda. Así como también lo es el cepillado de la piel en seco (véase el próximo apartado sobre la piel).

Un factor muy importante es evitar la ropa ajustada que obstruiría el flujo de la linfa en el cuerpo. En su libro *Dressed to Kill*, Sydney Ross Singer y Soma Grismaijer nos previenen de los problemas de salud que pueden resultar de la restricción de linfa y refuerzos tóxicos causados en las mujeres que usan sujetador, y esto sin mencionar el «síndrome de los pantalones ajustados» en los hombres.

Según una encuesta realizada a más de 4.700 mujeres americanas entre 1991 y 1993, «el promedio para la mujer americana de desarrollar un cáncer de pecho es 19 veces mayor que el de una mujer que usa sostén durante menos de doce horas diarias» o «la mujer que usa sostén todo el tiempo tiene 113 veces más posibilidades de desarrollar un cáncer de pecho que una mujer que use sostén menos de doce horas diarias». Notaron que en los países del mundo donde las mujeres han comenzado recientemente a usar el sostén, el cáncer de pecho se estaba dando a conocer.

Los sostenes con estructura metálica, especialmente aquellos tan sugerentes que levantan el pecho, inhiben incluso más el drenaje de linfa y personalmente creo que el metal de la estructura actúa como una forma de antena atrayendo campos electromagnéticos dañinos, de los ordenadores y otros electrodomésticos, al delicado tejido del pecho, contribuyendo a la posibilidad de contraer cáncer de pecho. Las mujeres que trabajan con ordenadores, máquinas de coser y en otros trabajos cuyos pechos están en contacto con campos electromagnéticos de equipos eléctricos corren un alto riesgo y deben definitivamente dejar de usar sostenes con estructura metálica.

# La piel

La piel es asombrosa. Cada pulgada cuadrada (2,54 cm$^2$) está compuesta de 19 millones de células, 600 glándulas de sudor, 90 glándulas de grasa y 65 pelos conectados a 19.000 células nerviosas, 5,7 metros de vasos capilares y poblados con decenas de millones de bacterias microscópicas.

Funcionando a plena capacidad, nuestra piel está diseñada para eliminar un tercio de los desperdicios del cuerpo, pero en realidad a la mayoría de la gente la piel le funciona de manera lamentable. Los productos sintéticos de baño obstruyen los poros y las fibras sintéticas (látex, nailon, poliéster, etc.) inhiben severamente este proceso natural, particularmente la ropa interior que se utiliza más cerca de la piel. Es mucho mejor usar fibras naturales: el algodón puro es lo mejor; el lino, la seda y la lana también son buenos. Evita lavarlas con los detergentes comunes, los residuos de los cuales son absorbidos a través de los poros.

Para ayudar a la piel, haz ejercicio, toma saunas o baños turcos para expulsar las toxinas y hazte cepillados de piel en seco diariamente para quitar las células muertas, limpiar la linfa, estimular las glándulas y prevenir los envejecimientos de piel prematuros. Esto se hace mejor por la mañana, antes de bañarse. Siempre cepíllate hacia el corazón y utiliza un cepillo de cerda natural que puede comprarse en la mayoría de tiendas de comida sana. ¡Es fantástico!

# 19

# Despejar el desorden mental

S i existe el desorden físico en tu casa, también tendrás desorden en tu cabeza. He aquí lo que debes hacer con algunas de las formas más comunes de desorden mental.

## Deja de preocuparte

Una vez oí comentar que preocuparse es como un caballito de madera: no importa lo rápido que vayas, nunca te mueves. Preocuparse es una completa pérdida de tiempo y crea tanto desorden en tu cabeza que no puedes pensar claramente en nada.

La forma de aprender a dejar de preocuparse es comprender de una vez por todas que tu energizas cualquier cosa en la que centras la atención. Por esto, ¡cuánto más te permitas preocuparte, más propenso eres a que las cosas vayan mal! Preocuparse se transforma en un hábito tan arraigado que tienes que concienciarte de forma diferente. Cuando te descubras con alguna preocupación (pídeles a los que están cerca de ti que también te ayuden a señalártelo cuando te vean preocupado), para y cambia de pensamientos. Centra tu mente en algo más productivo, en lo que quieras «tú» que ocurra, en lugar de preocuparte por lo que pueda pasar, y haz hincapié en lo que ya es maravilloso en tu vida y más cosas maravillosas aparecerán en tu camino.

Haz un lista ahora mismo de todas las cosas que te preocupan y así podrás cambiarlas la próxima vez que te vengan a la cabeza por una sola sesión gratis de caballito.

## Deja de criticar y de juzgar

Esto es una total pérdida de esfuerzo, especialmente cuando te das cuenta de que todo lo que criticas y juzgas en otros, es algo que no te gusta de ti mismo. Los mejores críticos son aquellos que piensan en lo más profundo, por la razón que sea, que ellos mismos no son lo suficientemente buenos. Cambia esas inseguridades interiores y el deseo de degradar a otros desaparecerá mágicamente.

La otra cosa importante de entender es que, como humanos, sólo vemos un segmento de la realidad en el gran proyecto cósmico de las cosas, así que nunca estamos realmente en posición de juzgar a nada o a nadie. Un borracho de la calle puede ser en esencia el alma más dulce y bondadosa que podrías conocer, pero si lo juzgas simplemente por las apariencias o le juzgas moralmente por su comportamiento, perderás esa cualidad completamente.

No ensucies tu mente con estas flechas venenosas. En lugar de eso, envía silenciosas alabanzas a las personas que te encuentras y te quedarás sorprendido de cómo te responden, con lo mejor de sí mismos.

## Deja de cotillear

Estar permanentemente cotilleando sobre otros desordena tu psique y sólo demuestra las cosas poco importantes que están pasando en tu vida. Vive y deja vivir. Rehúsa darte ese gusto o escuchar cotilleos o escándalos de cualquier tipo, y haz de esto una premisa de integridad: nunca digas nada de nadie que no le dirías en la cara.

## Deja de lamentarte y de quejarte

Lamentarse, quejarse y culpar a todo y a todos por lo que está pasando en tu vida desordena tu discurso y tu pensamiento de tal manera que la mayoría de la gente ni siquiera quiere estar cerca de ti. Céntrate en por lo que eres reconocido y los dioses te colmarán de colegas. Continúa lamentándote y quejándote y te quedarás solo.

## Deja la charla mental

Los psicoanalistas calculan que una persona normal tiene unos 60.000 pensamientos al día. Desafortunadamente, el 95% de esos pensamientos son exactamente iguales a los que tuviste ayer, y, éstos son a su vez exactamente iguales a los del día anterior, etc. Resumiendo: la mayoría de nuestro proceso mental es improductivo, una charla repetitiva que no nos conduce a ningún sitio.

Otro problema es el constante murmullo del estímulo externo, que es tan común en el estilo de vida occidental. Mucha gente tiene la televisión o la radio constantemente encendidas «para hacer compañía» o gastan su tiempo leyendo novelas malas, navegando sin objeto por Internet, etc. Luego, de pronto eres viejo o estás enfermo y te das cuenta de que no has hecho nada con tu vida. Todos tus pensamientos son los pensamientos de otros y tú no tienes ni idea de quién realmente eres o cuál podría ser el propósito de tu vida.

¿Cuándo fue la última vez que tuviste una idea genuina, completamente original? El hecho triste es que mucha gente simplemente continúa día tras día con la misma rutina, llenando su mente con las mismas cosas mundanas de la existencia diaria.

Haz prioritario tener claridad en tu vida y sintoniza esa claridad a diario. Haz sitio para alguna forma de meditación que te guste o busca tiempo para «pensamientos de calidad», un hermoso término que cogí prestado de Gill Edwards, autora de *Cambie su mente, sane su vida* (Robinbook, 1993), que describe el tiempo que pasamos tranquilamente «pensando», sin tener que ir a ningún sitio, ni tener nada que hacer; esto tranquiliza la charla y te permite estar abierto a los más elevados conocimientos y sabiduría, y a una creatividad más fructífera.

## Ordena los asuntos inacabados

Acostúmbrate a acabar los asuntos que empiezas. Por ejemplo, imagina que estás hablando con un amigo y tiene un número de teléfono importante para ti que te quiere dar. Lo tiene allí mismo, pero se ofrece a llamarte mañana para dártelo. Es asombrosa la frecuencia con la que la gente deja para mañana lo que con facilidad podría hacer hoy y qué gasto de energía es tener que recordar los asuntos inacabados. ¡Coge el teléfono en ese mismo momento, y será una cosa menos que tengas que hacer en tu vida!

Acaba otros asuntos inacabados, como devolver el dinero que debes, devolver cualquier cosa que te hayan prestado, hacer el recado que dijiste que harías y cualquier otra cosa que sepas que hay que hacer y te ande rondando la cabeza. Cada promesa o compromiso no cumplido afecta a tu energía y te obliga a hacerlo. Si sabes que no puedes cumplir tu promesa, es mucho mejor contactar con la otra persona y hacérselo saber que dejar que la situación siga su rumbo.

He aquí una cosa interesante que he aprendido de mi propia experiencia vital, como resultado de haber quitado la palabra «debería» de mi vocabulario. Imagina que he prometido encontrarme con una amiga el jueves por la noche para ir a ver una película que a las dos nos interesa. A medida que el jueves se acerca, me siento cada vez con menos ganas de salir esa noche. Puedo hacer dos cosas: puedo mantener mi promesa e ir porque le dije que iría y por eso debería hacerlo, o llamar a mi amiga y cancelar o posponer la cita. El 90% de las veces que cancelo o pospongo una cita, he encontrado que la otra persona también quería hacerlo, pero no quería fallarme, así que funciona perfectamente para ambas partes. El otro 10% de las veces la gente se enfada un poco o bastante si son honestos consigo mismos, aunque no soy yo la que generalmente los disgusta. El problema es normalmente su propia inflexibilidad o que he detonado la memoria de otro disgusto más profundo del pasado (véase el próximo capítulo para comprender los disgustos).

## Despeja tus comunicaciones

¿Con quién tienes asuntos no resueltos? Piénsalo por un momento. Imagínate a ti mismo en una reunión social. ¿Puedes pensar en alguien en tu vida que, si entra por la puerta, te produciría un sentimiento de incomodidad en el cuerpo? ¿Quién te haría sentir que la habitación no es lo suficientemente grande para los dos, porque hay tensión entre vosotros? Puede que no recuerdes conscientemente a esta gente, incluso puedes intentar activamente mantenerlos fuera de tus pensamientos, pero tu viejo y querido subconsciente mantiene su rastro. Tener comunicaciones no resueltas en tu vida agota tus niveles de energía infinitamente.

Si duermes con alguien, asegúrate de que las comunicaciones se mantengan claras y resueltas; de otra manera estarían peleando batallas psicológicas entre vosotros toda la noche y te despertarías sintiendo que necesitas seguir durmiendo.

## Ponte al día con la correspondencia

¿Tienes cartas que siempre quieres escribir, pero nunca lo haces? Cada vez que lo piensas y no lo haces, tus niveles vitales caen. Cuanto más lo dejas, más difícil se hace escribir la carta. Si te sientas y buscas tiempo para ponerte al día con tu correspondencia, soltarás una buena cantidad de energía a otros propósitos. Mejor todavía, pásate al correo electrónico, que es mucho más rápido e inmediato, y por tanto será mucho más fácil que estés así al corriente de tus obligaciones sociales.

## Despeja tu agenda

¿Te encuentras con que nunca tienes tiempo suficiente para hacer todo lo que tienes planeado? Selecciona las cosas que realmente te gusta hacer y apúntalas en tu agenda antes que nada. No dejes que tu ordenador mental domine tu vida. Estos placeres son de los que florece tu espíritu y si tú sólo trabajas, trabajas y trabajas sin tener nunca tiempo para ti o te pasas todo el tiempo cuidando de otra gente sin tiempo para nutrirte a ti mismo, bastante pronto tu espíritu se comienza a marchitar y muere. Los primeros síntomas de esto son fatiga general y una merma de salud.

Así que ponte a «ti» como prioridad en tu agenda y después arregla todo a tu alrededor. Hace años comencé a tomarme un día a la semana para mí, fuera de mi ocupada agenda laboral, y ahora lo hago por un período de hasta seis meses al año. Mi tiempo en Bali va en mi agenda como prioridad absoluta y encajo todas mis obligaciones alrededor de él.

## Ordenando tu mente para dormir descansando

Si llevas una vida ocupada y tienes muchas «cosas que hacer», puedes encontrar cierta dificultad a la hora de desconectar y descansar. En particular, te puedes encontrar con la mente aún activa cuando te quieres ir a dormir. He aquí un buen consejo: ten una libreta y un bolígrafo al lado de la cama y justo antes de irte a dormir, apunta todas las tareas que debes recordar, para realizarlas con posterioridad. Después simplemente olvídate de ellas y duérmete. Si te despiertas en la noche con más cosas en la mente, abre un ojo, apúntalas y continúa durmiendo. Al principio puede que necesites una pequeña linterna al lado de la cama; con la práctica puedes aprender a escribir en la oscuridad con los ojos cerrados.

Cuanto más ocupado estés, más importante es descansar completamente y tomar el tiempo necesario para descansar durante las horas de la noche. Una vez hayas aprendido esto, puedes utilizar tu tiempo de sueño más creativamente. En lugar de agobiarte con problemas y ansiedades, utiliza tu tiempo de sueño para conectar con tu álter ego y recibir orientación (lee *Spiritual Growth: Being Your Higher Self*, de Sanaya Roman). Puedes sentir estos sutiles mensajes de estos terrenos superiores si tu mente y tus emociones no están constantemente ocupadas con problemas; luego tendrás un bonito y tranquilo descanso nocturno y ¡te despertarás con respuestas!

## Manténte actualizado

Cuando todo está actualizado en tu vida, vives el tiempo presente y puedes experimentar un verdadero sentimiento, el de «navegar» con la energía de la vida. Haz lo que sea para ponerte al día contigo mismo y manténlo de esta forma. Tendrás más energía de la que jamás hubieras imaginado. Los niños son así. ¡Viven el momento y todos sabemos cuánta vitalidad tienen!

# 20

# Despejar el desorden emocional

La mayoría de la gente lleva algún tipo de equipaje emocional. Nos envejece prematuramente (parecía diez años más joven después de un intenso año de trabajo personal para despejar) y se interpone en el camino de todo lo que queremos hacer.

## Disgustos

Si alguna vez te sientes realmente disgustado por algo, es uno de los mejores momentos para ir y despejar algo de desorden. No hace falta que te controles antes de comenzar. Simplemente ve al armario con lágrimas en las mejillas, chillando si es necesario y quita todo lo de dentro y comienza a ordenarlo. Te sorprenderá de lo fácil que es despejar el desorden cuando estás en estas condiciones. Parece que se despejase solo. Miras las cosas que has estado acumulando durante años y parecen tan insignificantes, tan obviamente obsoletas que no hay lazo emocional cuando las tiras a la papelera. También te sorprenderás de cómo despejar el desorden te ayuda a calmarte y ver también desde otra perspectiva lo que te estaba disgustando. El acto de desprenderse del desorden también te permite desprenderte de tus sentimientos atascados.

Constata que cada disgusto es una propuesta. Lo que significa que por todo lo que nuestras más bajas emociones se disgustan es una situación que nuestro alter ego ha presentado para atraer nuestra atención porque algo necesita cambiar.

Un profesor con el que estudié durante un tiempo solía decir, si alguna vez alguno de nosotros se disgustaba, «¿Te importará esto de aquí a diez años?». Ves el asunto desde el punto de vista de tu mismo futuro y la respuesta a posteriori es casi siempre «no».

Podrías decir lo mismo acerca de la mayoría del desorden. «¿Le habré encontrado uso a esto dentro de los próximos diez años?» Para la mayoría de las cosas que has estado guardando durante mucho tiempo, la respuesta es casi siempre «no».

## Quejas

Una de las peores formas de desorden emocional son los resultantes de las quejas. Mira profundamente dentro de ti para ver a quién o qué necesitas perdonar. Carolyn Myss, autora de *Anatomy of the Spirit* y de *Why People Don't Heal and How They Can*, dice que las raíces de la enfermedad radican en no desprenderse de los sentimientos de haberse sentido tratado injustamente por una persona o por una situación. Tú sabrás si es éste el caso, porque habitualmente recordarás esta injusticia varias veces al día, y se habrá vuelto tan común que no la notarás nunca más. Decídete ahora a perdonar y a desprenderte.

A veces sucede que las personas están tan sumergidas en sus quejas que incluso se niegan a hablar entre ellas. Me he encontrado con situaciones en familia y matrimonios donde estos prolongados silencios duran días, semanas, meses, años e incluso décadas. De hecho, algunas personas se van a la tumba con estos sentimientos en su cuerpo y es una apuesta bastante segura: éste es el motivo que los ha matado.

A veces estos sentimientos atascados escalan a niveles de disputas entre familias, grupos o naciones, crean cánceres en el tejido emocional de la sociedad. Intentos de resolver la situación por la violencia física continúan hasta que uno de los contendientes cae de rodillas o un tercero más poderoso interviene («intervención diplomática»), hasta hacerlos entrar en sus cabales. La diplomacia se puede definir como el arte de armonizar energía emocional estancada.

Si eres del tipo huraño, comprende que esto puede herir a la otra persona mientras lo haces, pero te hiere a ti aún más. Haz un curso de relaciones humanas y aprende a manejar de la mejor forma posible tus problemas. Perdona y olvida. Despréndete de tus quejas y continúa con tu vida.

## Deshazte de tus amigos pesados

¿Conoces gente a la que siempre tienes que hacer un esfuerzo para hablarle o te agotan cuando estás con ellos? ¿Te quejas cuando sabes que tal persona llama para hablar contigo? ¡No estoy hablando de los buenos amigos que están temporalmente pasando un bache o tienen una mala semana! Estoy hablando de las personas negativas, de las que ya pasó su momento, de las que quisieras liberarte pero no has tenido suficiente valor o no has hecho nada al respecto.

Una cosa fascinante que he descubierto es que casi todos tenemos unos cuantos «amigos» no deseados. Recientemente me pasé toda una cena escuchando la historia de la «pesada de turno» que viene año tras año sin ser invitada y se mezcla entre la gente. Por alguna razón inexplicable, nunca se sintieron capaces de decirle que no era bienvenida, así que cada año sufren su espantosa presencia y su insoportable comportamiento; luego siempre la critican entre todas las personas que la conocen.

Tómate un minuto ahora mismo para hacer una pequeña lista de gente que conoces que realmente preferirías no conocer. Me detengo mientras haces esto.

Ahora, aquí está lo interesante: si tú tienes una pequeña lista como ésta y todos tienen una pequeña lista como ésta, entonces ¿EN LA LISTA DE QUIÉN ESTÁS *TÚ*? ¡Aquí tienes algo que meditar! ¿No sería mejor simplemente ser honestos entre nosotros acerca de esto y parar estos juegos estúpidos? Hay billones de personas en el mundo y tú eres libre de escoger con quién te relacionas. Elige personas generosas que te motiven y te inspiren. Lo maravilloso acerca de tener el coraje de deshacerte de tus amigos pesados es que se crea el espacio para que atraigas nuevas relaciones vitales, teniendo en cuenta que hayas tomado nuevas decisiones acerca de lo que tendrás o no tendrás en tu vida. Eventualmente encontrarás que la gente pesada, vampiros de energía e individuos negativos no estarán en tu vida porque tu campo de energía es demasiado incompatible con el de ellos; saben que sus oportunidades de obtener energía gratis a tus expensas son nulas, así que ni siquiera se molestan en intentarlo.

# Dejando relaciones atrás

A veces te das cuenta de que no es sólo un conocido el que te ha provocado desorden en tu vida, sino la persona que pensabas que era significativa para ti. Esto sucede porque sus vidas han derivado por caminos diferentes o nunca fueron compatibles desde un principio. La verdad es que os habéis provocado el desorden en la vida de cada uno, a pesar de que a veces es sólo uno el que lo puede ver en ese momento.

Tienes dos opciones: no hacer nada y esperar que la relación se desmorone o explote por sí misma, o tener el valor de actuar para revertir la situación o dejarlo. Si todavía hay amor, respeto y es bueno para los dos, las posibilidades son altas a fin de que puedas encontrar un camino para que la relación continúe, a pesar de que la forma cambie de alguna manera. Dale todas las oportunidades para que funcione y si es el momento de dejarlo, sabrás en lo más profundo de tu corazón que es así.

En muchas ocasiones, es, en efecto, tiempo de dejarlo y tú y tu compañero os hacéis un flaco favor si prolongáis la agonía retrasando esto demasiado. Por malo que parezca, si es correcto hacerlo, descubrirás que justo al lado de tu estremecedor miedo hay otra estremecedora energía llamada excitación. Esto es tu espíritu conmovido frente al prospecto de nuevas oportunidades que están a punto de abrirse en tu vida.

Para ayudarte en esta transición, lee los excelentes libros *Aunque tenga miedo, hágalo igual* y *Gozar de la vida en tiempos de crisis* de Susan Jeffers, ambos publicados por la editorial Robinbook.

## Desprenderse de la armadura emocional

Si tu casa está muy desordenada, puedes también sentir la necesidad de llevar muchas joyas, probablemente hasta el extremo de sentirte solamente medio vestida si sales sin ellas. Como el desorden de la casa, llevar joyas de esta manera es una forma de armadura emocional. Después de despejar tu casa, es más probable que te sientas naturalmente inclinada a reducir la cantidad de joyas que llevas porque te sientes más segura y en situación de dejar que brille tu «yo» natural.

# 21

# Despejar el desorden espiritual

De hecho todo el libro ha versado sobre este tema. Es el proceso de despejar todo nuestro desorden, el que oscurece nuestra visión, nos confunde, nos lleva por caminos equivocados y nos aparta de lo que nos conviene. Cada uno de nosotros tiene un propósito en la vida, y en mi opinión nos encarnamos con el conocimiento consciente de ese propósito y con la intención de cumplirlo. Una vez encarnados, se hace cada vez más difícil mantener este nivel de conciencia, y lentamente el conocimiento se aparta de nosotros. Despejar el desorden en cualquiera de sus formas permite que nuestros propósitos originales resurjan y brillen de nuevo. Esto trae consigo una inmensa claridad y un profundo sentido de nuestros actos.

Nuestro principal propósito al despejar el desorden es justamente eliminar los desechos que nos impiden conectar con nuestro álter ego y con Dios.

## Esta época especial

Somos afortunados de estar vivos en lo que la mayoría de maestros espirituales consideran la época más importante de la evolución humana en nuestro planeta. Antes, todos los grandes conocimientos pertenecían a unos pocos. ¿Te das cuenta de que hoy en día puedes asistir a un taller de fin de semana y aprender las bases de lo que en siglos pasados hubiese llevado años de constante aprendizaje dominar?

Aferrarse a cosas que nos mantienen arraigados al pasado puede resultar por ello totalmente contraproducente. Si piensas cuántas veces es probable que te hayas reencarnado para poder estar aquí ahora, seguramente a tu espíritu eterno le resulte agradable estar en el presente, preparado y a punto para vivir lo que está sucediendo.

## Llamándote otra vez

En Bali existe una ceremonia muy especial conocida como «La llamada». Se supone que a medida que una persona recorre la vida, una parte de su persona se rompe o se pierde. Si esto sucede a menudo, o en los casos de eventos traumáticos demasiado rápidos, puede debilitar tanto el espíritu de la persona que puede llegar a amenazar su vida. Después de resultar herido por un accidente de tráfico, por ejemplo, una parte vital del proceso de recuperación de la persona consiste en volver al lugar donde sucedió el accidente con un sacerdote para purificar ceremoniosamente la zona y llamar a la parte del espíritu que allí dejaron, a fin de que vuelva con ellos.

Un proceso similar se produce cuando despejas el desorden de tu vida. Mientras te desprendes de cosas que ya no quieres o no utilizas, vuelves a llamar a tu lado a aquellas partes de tu espíritu que han estado aferradas a ellas y a las necesidades emocionales y los recuerdos asociados con esos objetos. Al hacer esto, regresas intensamente al presente. Tu energía, en lugar de dispersarse en miles de direcciones improductivas, se vuelve más centrada y enfocada. Te sientes espiritualmente más completo y más en paz contigo mismo. Todo esto se puede lograr simplemente despejando el desorden. Sorprendente, ¿no es cierto?

## Despréndete y acércate a Dios

Para concluir este libro, he aquí una maravillosa afirmación que quiero compartir con vosotros y que he utilizado en mi propia vida con excelentes resultados:

**Todas mis necesidades están cubiertas mientras
sigo mi camino más elevado.**

Si confías totalmente en que todas tus necesidades están cubiertas, lo estarán totalmente. Fija esta afirmación en cada una de las células de tu ser y nunca más vivirás en el desorden.

# Apéndice

# Los veintiún pasos para
# el despeje del espacio básico

## Notas importantes

- El espacio con el que cuenta este libro es insuficiente para explicar el alcance de cada uno de estos pasos, pero por lo menos te dará una idea de lo que pretendo al referirme al despeje del espacio.
- Estas técnicas están diseñadas para uso personal exclusivamente. La formación para aprender a despejar el espacio profesionalmente es tan compleja como difícil, al igual que otras ramas de Feng Shui, y va mucho más allá de lo que se expone en estas páginas.

## PREPARACIÓN

**1.** No intentes el despeje del espacio si sientes miedo o aprensión. Estas técnicas son perfectamente seguras, pero están diseñadas para un uso personal diario, no para los exorcismos. Deja eso para los profesionales formados.

2. Pide permiso antes de aplicar esta técnica en el espacio personal de otra persona.

3. Haz el despeje del espacio cuando estés físicamente sano y en forma, emocionalmente centrado y mentalmente enfocado.

4. Es mejor no hacer el despeje del espacio si estás embarazada, con la menstruación o con una herida abierta.

5. Tómate tu tiempo para pensar sobre lo que quieres que suceda en tu vida. Si compartes el espacio con otros, consúltales también.

6. Para obtener mejores resultados, limpia y ordena el espacio físico; barre, friega o pasa el aspirador y despeja primero el desorden.

7. Toma un baño o una ducha, o por lo menos lávate la cara y las manos.

8. Guarda la comida y la bebida en armarios o en recipientes cerrados.

9. No lleves joyas u otros objetos metálicos. Trabaja descalzo si es posible.

10. Trabaja solo, a no ser que las otras personas entiendan perfectamente lo que estás haciendo.

11. Trabaja en silencio sin música de fondo. Apaga el ventilador o cualquier otro aparato que sea ruidoso.

12. Abre una puerta o una ventana.

13. Localiza un punto de energía apropiado y pon allí tu equipo de despeje del espacio (véase n.º 17).

14. Arremángate y sensibiliza tus manos.

# Procedimientos básicos para el despeje del espacio

15. Tómate tiempo para armonizar con el espacio. Anúnciate mentalmente e irradia tu voluntad.
16. Comenzando desde la entrada principal, recorre el perímetro interior del espacio sintiendo la energía. Utiliza las manos y todos tus otros sentidos.
17. Enciende velas, quema incienso, salpica agua bendita, ofrece flores y plegarias al espíritu guardián de la casa y a los espíritus de la tierra, aire, fuego y agua. Invoca a los ángeles y a tus propios guías espirituales y ayudantes (y a los que a ti te parezcan apropiados).
18. Aplaude en las esquinas para disipar la energía estática. Luego lava tus manos en agua corriente (es muy importante recordar esto).
19. Purifica el espacio con campanas.
20. Protege el espacio.
21. Llena el espacio de buenas intenciones, luz y amor.

. Adaptado del libro *Hogar sano con el Feng Shui*, de Karen Kingston.

# Bibliografía

## Otros libros de Karen Kingston

*Hogar sano con el Feng Shui,* Ediciones Robinbook, 1998.

## Feng Shui

Collins, Terah Kathryn, *The Western Guide to Feng Shui*, Hay House, 1996.

Nossack, Bend, *Guía fácil de Feng Shui*, Ediciones Robinbook, 1998.

Spear, William, *Feng Shui Made Easy*, Thorsons, 1995.

## Despejar el espacio

Linn, Denise, *Hogar sano*, Ediciones Robinbook, 1996.

## Despejar el desorden

Treacy, Declan, *Ordena tu despacho*, Temas de Hoy, 1992.

## Curación y metafísica

Diamond, John, *Life Energy and the Emotions*, Eden Grove Editions, 1997.

Hay, Louise L., *Sana tu cuerpo*, Urano, 1992.

## Purificación del colon y mejor salud

Aïvanhov, Omraam Mikhaël, *The Yoga of Nutrition*, Prosveta, 1982.

Anderson, Dr. Richard, *Cleanse and Purify Thyself* (publicación propia, 1988).

## Desorden obsesivo-compulsivo

Dumont, Raeann, *The Sky is Falling: Understanding and Coping with Phobias, Panic, and Obsessive-Compulsive Disorders*, Norton, 1997.

## Citas

*The Uncommon Wisdom of Oprah Winfrey: A Portrait in Her Own Words*, editado por Bill Adler, Aurum Press, 1997.

## Más información en internet

e-mail: info@spaceclearing.com
karenkingston@spaceclearing.com
ukoffice@spaceclearing.com

website: www.spaceclearing.com

# Índice

## Primera parte
### Entender el desorden

## Segunda parte
### Identificar el desorden

## Tercera parte
## Despejar el desorden

JUN    2012